Moderne Gartendekoration

Moderne Gartendekoration

ELSPETH THOMPSON   MELANIE ECLARE

Übersetzung: Wiebke Krabbe

Englische Originalausgabe:

New decorated Garden

2002 published by

Ryland Peters & Small Ltd

20-21 Jockey's Fields

London WC1R 4BW

Text © 2002 Elspeth Thompson

Fotos und Design © 2002 Ryland Peters & Small

Deutsche Ausgabe:

© Verlag BusseSeewald GmbH, Herford, 2006

Übersetzung: Wiebke Krabbe, Damlos

Satz: Punkt für Punkt GmbH Mediendesign, Düsseldorf

gedruckt und gebunden in China

ISBN 3-512-03292-3

Einleitung	6	Teil zwei: Details	52		
Teil eins: Stil	8	Möbel	54	Basisarbeit	124
Stadtoase	10	Beleuchtung	66	Gartendesigner	138
Mittelmeerfarben	16	Kunst und Skulptur	76	Bildnachweis	139
Moderne Strenge	22	Kübel	88	Register	140
Exotische Illusion	28	Rankhilfen	100	Danksagung	142
Verwunschenes Idyll	34	Formschnitt	106		
Sinnlicher Minimalismus	40	Lauben und Verstecke	112		
Natürliche Dynamik	46	Wasserspiele	118		

Einleitung

Heute ist ein Garten mehr als eine Ansammlung von Blumen um eine Rasenfläche. Er wird mit Möbeln, Skulpturen, einer Beleuchtung und manchmal einer Heizung ausgestattet, fast wie ein Raum im Haus. Selbst ein Kamin, eine Badewanne, ein Schlaf- oder Arbeitsplatz sind keine Seltenheit mehr. Das Konzept des grünen Zimmers hat sich durchgesetzt, und dahinter steckt mehr als ein paar Gartenmöbel. In den letzten Jahren hat die Raumgestaltung die Grenzen des Hauses überschritten, wir drücken unseren Lebensstil auch im Freien aus. Bäume und Pflanzen sind, ebenso wie Dekorationselemente, Bestandteile dieser individuellen, gut durchdachten Lebensräume, in denen Kinder spielen und Erwachsene sich unterhalten können, in denen Freunde und Familie sich entspannen, feiern, lesen, meditieren oder einfach nichts tun.

Dieses Buch beschäftigt sich mit dem Lebensstil und den Wünschen der Gartenliebhaber unserer Zeit. Manchmal werden, wie auf der Dachterrasse vor einem Penthouse, die Farben der Wohnräume im Freien aufgegriffen, sodass Innen- und Außenraum nahtlos ineinander übergehen. Der ungewöhnliche exotische Garten eines Bühnenbildners aus Los Angeles hingegen ist ein Beispiel dafür, dass ein Garten auch zu einer eigenständigen Welt werden kann, angefüllt mit Relikten von Reisen und Sammlungen. Winzige Stadtgärten können als lauschige Esszimmer im Freien dienen, beleuchtet mit Kerzen oder Mini-Lichterketten, möbliert mit Sofas, Seidenmarkisen und Kissen in bunten Farben. Ein Feuer im Kamin, ein plätschernder Brunnen, was braucht man mehr für einen wunderbaren Abend unter dem Sternenhimmel.

Kunst und Skulpturen verbünden sich im Garten zu einem faszinierenden Gespann voll Poesie und visueller Assoziationen. Ob fertig gekauft, zufällig gefunden oder speziell für eine bestimmte Gartenecke angefertigt, solche Dekorationsobjekte sind ein willkommener Blickfang, der dem Auge Abwechslung bietet. Wenn die künstlerische Geste nur groß und mutig genug ist, kann sie den ganzen Garten in ein abstraktes Kunstwerk verwandeln. Ein überzeugendes Beispiel ist die in diesem Buch vorgestellte S-förmige Trockenmauer, die sich durch einen Londoner Garten schlängelt.

Alle Aspekte eines Gartens bieten Möglichkeiten, Individualität auszudrücken – von den Materialien für Pflasterungen, Wege und Mauern bis zu Wasserspielen und Beleuchtung. Und nur gemeinsam definieren diese Elemente des Stil eines Gartens als harmonisches Ganzes. Selbst bei Gartenmöbeln geht es um mehr als die Anschaffung. Interessant wird es erst, wenn moderne Modelle mit traditionellen Stücken gemischt werden, oder wenn Fundobjekte vom Sperrmüll mit frischen, witzigen Farben zum Hingucker werden. Gerade im Garten kann man viele Fundstücke wunderbar wiederverwerten und zweckentfremden, etwa als improvisierte Tische, Pflanzkübel oder Windspiele. Eine Laube oder ein Baumhaus könnte als romantisches Esszimmer oder geheimer Rückzugsort genutzt werden, Wasser könnte wie eine bewegliche Skulptur über satiniertes Glas fließen oder über einen Steinhaufen plätschern.

So attraktiv Möbel, Materialien und Objekte sein mögen, sie allein machen natürlich keinen schönen Garten aus. Das Geheimnis besteht in der gelungenen Kombination aus festen Landschaftselementen, dekorativen Stücken und der Bepflanzung. Was sonst macht den Reiz des Wohnens im Freien aus, wenn nicht die faszinierenden Veränderungen der Blüten und Blätter im Wandel der Jahreszeiten. Gärten mit allzu spärlicher Bepflanzung fühlen sich einfach nicht wie Gärten an. So überlässt auch bei allen hier vorgestellten Beispielen immer die Dekoration der Natur den Vortritt und passt sich der Bepflanzung an, um einen idealen Rahmen für das Wohnen im Freien zu schaffen. Entdecken Sie auf den folgenden Seiten Gärten, die mit Liebe und Begeisterung gestaltet sind und doch allen Anforderungen eines modernen Lebens gerecht werden: heute Rahmen für eine ausgelassene Party, morgen stilles Refugium, in dem man beim Plätschern von Wasser auf Steinen die Welt vergessen kann. Und in allen steht die Faszination der Natur im Vordergrund – mal als Schattenmuster eines Baums auf dem Rasen, mal als surrealer rosa Schneeschauer nach der Kirschblüte im Frühling.

Teil eins

Stil

Stadtoase 10 Mittelmeerfarben 16 Moderne Strenge 22

Exotische Illusion 28 Verwunschenes Idyll 34

Sinnlicher Minimalismus 40 Natürliche Dynamik 46

Großes Foto: Die Hochbeete aus alten Ziegeln bieten auch Platz für einen Gipsbuddha und Metall-Windlichter, die bei Bedarf einfach umgesteckt werden.

Ganz oben: Vor der Terrassentür überbrückt ein Metallgitter den Kellerschacht. Zwischen den Kletterpflanzen an Drähten und Spalieren funkeln abends weiße Lichterketten.

Oben: Auch das moderne Geländer mit dem integrierten Pflanztrog besteht aus verzinktem Metall.

Der winzige Hof hätte mich fast vom Kauf unseres Hauses in London abgehalten. Sechs mal sechs Meter kahler, gestrichener Beton mit hohen Mauern an drei Seiten war nicht gerade das, was mir vorschwebte. Ich erkannte aber, dass man mit etwas Fantasie und Arbeit den kleinen Hof meinem Wohnstil anpassen konnte – ein großer, fließender Raum mit vielen deutlichen Bezügen zwischen Innen- und Außenbereich. Indem wir die Erdgeschosswände durchbrachen, gewannen wir einen großen Raum zum Kochen und Essen, Plaudern und Entspannen. Anstelle des alten Fensters wurde eine doppelflügige Glastür eingesetzt, und schon war der Garten eine natürliche Erweiterung des Wohnbereichs.

Zuerst strichen wir die Mauern weiß und brachten robuste Spaliere für Kletterpflanzen an. Ich wollte den Hof buchstäblich mit Laub und Blüten auf weißem Grund tapezieren. Dann musste der Schacht der Kellertreppe, der direkt vor der Terrassentür liegt, überbrückt werden. Die Lösung boten verzinkte Gitterroste, die stabil sind, aber Licht durchlassen. Außerdem passen sie gut zum urbanen Stil. Landhausgärten mitten in der Großstadt gefallen mir nun einmal nicht. Aus alten Gerüstplanken bauten wir ein stabiles, quadratisches Holzdeck auf der oberen Ebene, unten haben wir zwei kleinere Decks aus schmaleren Brettern angelegt. Das Holz hat einen Anstrich aus verdünnter, weißer Dispersionsfarbe, der jedes Jahr erneuert werden muss – aber das dauert nicht lange

Stadtoase

Klare Formen, nüchterne Stadtmaterialien und imposante Pflanzen haben einen winzigen Beton-Hinterhof in eine Oase zum Feiern oder stillen Entspannen verwandelt. Ein Spiegel gaukelt Größe vor.

und sieht im Sommer schön frisch aus. Ein Grundmuster des Gartens ist das Quadrat – von den Holzdecks in verschiedenen Größen über den gestrichenen Klapptisch bis zur Struktur der Spaliere und Metallgitter. Bei der Gestaltung habe ich mich auf wenige Farben und Materialien beschränkt: weiß lasiertes Holz, alte Ziegelsteine und matt verzinktes Metall. So wirkt der kleine Garten schlicht und ruhig und bietet den komplexeren Formen und Texturen der Pflanzen einen dezenten Hintergrund.

Ich bin ein Fan von großen Pflanzen in kleinen Räumen. Genau wie große Möbel wirken sie nicht beengend, sondern dramatisch, und sie lenken den Blick zum Himmel. In meinem größten Beet steht ein stattlicher Bambus neben einem schmalblättrigen, bronzefarbenen Phormium, Euphorbien, den Etagenblüten von Acanthus, den mattrosa Ähren des Federmohns und einer Zierkirsche, die im Winter blüht.

Unten: Am weiß gestrichenen Metallklapptisch vom Trödler kann man auf dem sonnigen, oberen Holzdeck herrlich frühstücken. Die Mauer dahinter liegt ganztägig im Schatten, doch ein großer Spiegel versorgt die Pflanzen mit Licht und lässt den Garten größer wirken. Verzinkte Laternen stehen auf dem Tisch und hängen im Zier-Kirschbaum, die Anstriche der einfachen Klappstühle sind auf die Farben der Blüten abgestimmt.

Sonnenhungrige Pflanzen und Gemüsesorten gedeihen in alten Metalltrögen und -tonnen vor der Südwand des Hauses.

Das Gestalten kleiner Räume erfordert Konzentration und Entscheidungen. Wenn es nur einen sonnigen Platz gibt, kann man ihn entweder als Sitzbereich nutzen oder den Pflanzen überlassen. Knapper Platz lässt nur einen Stil und eine begrenzte Farbwahl zu. Meine Pflanzen sind grün, weiß, hellgelb, violett und silbrig, obwohl hier und da Kapuzinerkresse, die sich selbst ausgesät hat, für Tupfen in Rot und Orange sorgt. Abwechslung schaffe ich mit den Töpfen und Kübeln an der Terrassentür, wo immer die Pflanzen, die gerade in Blüte stehen, präsentiert werden. Es lohnt sich auch, multifunktional zu denken. So sind beispielsweise die Mauern der Hochbeete breit genug zum Sitzen. Acht Personen

Unten: Ein Metallbauer hat den Rankbogen an der Terrassentür und das Geländer mit integriertem Trog mit den silberblättrigen Pflanzen gebaut. Lavendel, Perovskia und Silberblatt gedeihen im Trog, Clematis und Winden sieht man links im Bild aus einer verzinkten Tonne am Bogen empor wachsen. Der Zinkeimer mit der Ananas im Hintergrund wird vorgerückt, wenn die Pflanze in Blüte steht.

können im Sommer bequem um den Tisch herum sitzen, wenn der Garten abends von elektrischen Strahlern und Mini-Lichterketten beleuchtet ist. Der beste Kunstgriff in dem winzige Gartenhof ist aber der zwei mal zwei Meter große Spiegel, der von einem alten Kleiderschrank stammt. Er bringt nicht nur Licht in seine schattige Nische, sondern lässt den ganzen Garten größer und luftiger wirken. Wie gut die Idee war, wurde mir bewusst, als ein Besucher auf den Spiegel zeigte und fragte: „Geht euer Garten da noch weiter?"

Kerzen und Lichterketten schaffen am Abend eine märchenhafte Stimmung. Auf den Tischen stehen, drinnen wie draußen, Gruppen von Windlichtern.

Links: Teelichter in einer indischen Blechlaterne und marokkanischen Teegläsern.

Ganz links: Auch die große Aluminiumschüssel – ein Geschenk eines Freundes – schimmert im Kerzenlicht.

Oben: Warme, flackernde Kerzen schaffen rings um den Tisch behagliche Stimmung, während elektrische Strahler die Schatten der großblättrigen Pflanzen auf die Wände werfen. Dies ist ein herrlicher Platz für ein sommerliches Abendessen – oder für Gäste, die während einer Party einmal Luft schnappen möchten. Die breiten Mauern der Hochbeete bieten ausreichend Sitzgelegenheit.

Mittelmeerfarben

Spanische Gärten standen Pate für diesen kleinen Gartenhof. Bunt gestrichene Mauern, bequeme Sessel, ein offener Kamin und ein Whirlpool mit Seerosenbecken laden zum Entspannen an heißen Tagen ein.

Gartenhöfe haben in heißen Ländern eine lange Tradition. Hohe Mauern und überdachte Sitzplätze oder Loggien spenden Schatten, das Zentrum bildet oft ein Wasserspiel, das die Luft erfrischt und befeuchtet. Diese Elemente – und andere – finden sich in Nancy Goslee Powers Garten in Los Angeles. Binnen weniger Jahre hat die Designerin mit Hang zur Gartenarchitektur aus einem faden Innenhof einen farbenfrohen Freiluftraum für das ganze Jahr geschaffen.

Großes Foto: Im vorderen, sonnigen Teil mit dem Bodenbelag aus Naturstein in drei Grautönen wird gefrühstückt.

Oben links: Durch eine gestrichene Holztür seitlich vom Haus gelangt man in den hinteren Hof. Selbst der schattige Durchgangsbereich wirkt durch das Kieselmosaik auf dem Boden, die sonnengelben Mauern und die gesunden Schattenpflanzen lebendig.

Oben: Ein langes Wasserbecken bildet den Blickfang des hinteren Gartens. Der vordere Teil ist ein Seerosenbecken, der hintere ein blau gefliester Whirlpool mit eingebautem Sitz – ideal für ein Bad unter den Sternen.

Die eingebauten Sitzgelegenheiten wurden von Anfang an bei der Gartengestaltung eingeplant. Polster mit bunten Bezügen leuchten von diesem Sofa und korrespondieren mit den Blüten der Kübelpflanzen, die jährlich ausgetauscht werden. Die Anregung für den warmen Gelbton der Mauer lieferte ein Haus in Brasilien.

Das Schöne an diesem Garten ist, dass er sich für eine Person ebenso eignet wie für zwei, drei oder eine ganze Gesellschaft. Weil die Mauern der Beete und Wasserbecken breit sind, braucht man nicht einmal zusätzliche Stühle, wenn viele Gäste kommen.

Der überdachte Bereich ist ein herrliches Wohnzimmer im Freien mit bequemen Sesseln an einem offenen Kamin. Die Feuerstelle ist ein Blickfang, spendet an kühleren Abenden aber auch willkommene Wärme. Ein Stück weiter sieht man einen Esstisch mit Mosaikplatte im Schatten großer Palmen und ein gemütliches, eingebautes Sofa. Im Zentrum des Gartens liegt das lange, rechteckige Becken, aus dessen blauer Rückwand Wasser plätschert. Auf den ersten Blick sieht das Becken mit den Seerosen und den Iris wie ein Zierteich aus, doch es hat noch eine zweite Funktion. Der vordere Teil ist abgetrennt und spendet mit seinen Seerosen an heißen Tagen angenehme Frische. Und am Abend verwandelt sich der hintere Teil mit dem kobaltblau gefliesten Inneren auf Schalterdruck in einen sichtgeschützten Whirlpool mit integriertem Sitz und Unterwasserscheinwerfern.

Um all das auf dem engen Raum unterzubringen, musste die Bepflanzung gut durchdacht sein. Zusammen mit dem Architekten Bill Nicholas hat Nancy die einzelnen Bereiche durch niedrige, verputzte Betonwände unterteilt. Auf dem Boden wurden einheimische Natursteinplatten in verschiedenen Rosatönen verlegt, die die Bereiche verbinden und sehr wohnlich wirken. Als die Grundstruktur feststand, konnte Nancy in Farbe schwelgen. Den Impuls für den Orangeton der Loggia, für den sie die Farbe mit Safran abgetönt hat, gab eine Reise nach Marokko. Das Rosa ist der sanfte Ton frischen Verputzmörtels, das warme Gelb hat sie einem Haus in Brasilien nachempfunden. Für die Polster auf Sesseln und Sofa hat sie kräftigeres Violett, Rosa und Grün gewählt, das sich in der Bepflanzung wiederholt. Die Pflanzen in den Kübeln, die auf der Loggia und um den Pool verteilt stehen, ändert sie jährlich. Mal kombiniert sie

dunkelblauen Agapanthus mit lindgrünem Ziertabak, mal mit leuchtend pinkfarbenen ‚Star Gazer'-Lilien. Auch Anstrich und Polsterbezüge lassen sich relativ schnell verändern, wenn der ganze Garten einmal ein völlig neues Gesicht bekommen soll.

Das Schöne an diesem Garten ist, dass er sich für eine Person ebenso gut eignet wie für zwei, drei oder eine ganze Gesellschaft. Und weil die Mauern der Beete und Wasserbecken breit genug sind, muss man nicht einmal zusätzliche Stühle holen, wenn viele Gäste kommen. In der Sitzecke mit dem offenen Kamin und dem gemauerten Sims, auf dem Kerzen flackern, fühlt man sich abends auch allein wohl.

Nancys Talente als Designerin waren vor allem bei dem kleinen Vorgarten gefordert und bei dem schmalen, düsteren Durchgang seitlich vom Haus, der ursprünglich eine Einfahrt war. Der Vorgarten wurde mit einer Hecke als Sichtschutz und einem dreifarbigen Steinmosaik auf dem Boden zu einem sonnigen und doch privaten Frühstücksplatz. An einem Ende erhebt sich ein eingebautes Hochbeet mit einem zierlichen *Metrosideros excelsus*. Im Durchgang herrscht durch das schöne Muster des Kieselbodens, die geschickte Bepflanzung und den Anstrich in warmem Gelb bei jedem Wetter sonnige Stimmung.

Oben: Große Palmen (links) bilden einen schattigen Schirm über dem Tisch, Kübelpflanzen (rechts) sorgen für Farbtupfer. Auch an der Wand klettern Blühpflanzen empor.

Gegenüber, oben links: Ein echtes Freiluftwohnzimmer ist die Loggia am Haus mit dem Kamin, den gemütlichen Sesseln und dem Leuchter, der von den Deckenbalken herabhängt. Die Wände sind orange und hellrosa gestrichen, eine Seite ist zum Garten offen.

Gegenüber, oben rechts und unten links: Auf dem Tisch stehen Schalen mit Zierkürbissen, auf der Brüstungsmauer, die sich zum Kaminsims verlängert, sind Topfpflanzen aufgereiht.

Gegenüber, unten rechts: Zum farbenfrohen Essbereich gehören ein eingebautes Sofa mit Kissen in leuchtenden Tönen, bonbonrosa Stühle und ein lindgrüner Mosaiktisch. Anstriche und Bezüge lassen sich relativ schnell verändern.

Rechts: Die mächtige chinesische Ulme beschirmt einen großen Teil des Gartens und wirft ihren diffusen Schatten auf Kies, Steinplatten und Rasen. Der kurz geschorene Rasen sieht wie ein grüner Teppich aus, im kreisrunden Wasserbecken spiegeln sich der Himmel und das Geäst. Wie die Anlage selbst ist auch die Bepflanzung reduziert und beschränkt sich auf verschiedene Grüntöne.

Ganz rechts: Acanthus, Sagopalmen und andere Pflanzen mit interessanten Blättern sind unter dem Baum in Gruppen angeordnet. Andere Immergrüne sind zu akkuraten Kugeln und anderen Formen geschnitten.

Geometrische Formen und erstklassige Materialien geben diesem modernen Garten eine ruhige, zurückhaltend-elegante Ausstrahlung, die durch die asymmetrische Aufteilung und die skulpturhaften Pflanzen gleichwohl modern wirkt.

Wie ein perfekt geschnittener Anzug oder ein frisch gestrichener Raum ist auch ein geschickt angelegter Garten eine neutrale Basis, die man dezent oder aufwändig ausgestalten kann. Dieser Garten in einem Vorort von Los Angeles strahlt mit seinen saisonal wechselnden Licht- und Schattenmustern auf Pflasterflächen, hellem Kies und Gras die ruhige Eleganz eines Pariser Parks aus. Lücken in der Bepflanzung rahmen Ausblicke auf den angrenzenden Swimmingpool mit Graniteinfassung und den formal angelegten Küchengarten ein.

Formale, geometrische Gartenanlagen haben eine lange Tradition. Während jedoch die historischen Parks und Gärten meist flach waren, damit man sie von oben bewundern konnte, sind die heutigen Varianten dreidimensional und bewohnbar. Materialkontraste werden eingesetzt, um verschiedene Funktionsbereiche zu markieren, und die Pflanzen werden nicht nur zum Gestalten dekorativer Muster verwendet, sondern zum Strukturieren der Anlage. Symmetrie hat ihre Bedeutung, doch oft werden traditionelle Regeln auch gebrochen. So ist dieser Stil eine zeitgemäße Interpretation historischer Vorbilder.

Als Ausgangsbasis für diese Anlage wählten die Besitzer, Innenarchitektin Suzanne Rheinstein und ihr Ehemann, die große, einen weiten Bereich der Hauptteils beschirmende chinesische Ulme, sowie ein Haufen rötlicher Ziegel, die beim Umbau der Haus-Rückseite übrig geblieben waren. Um eine Verbindung zwischen Haus und Garten zu schaffen,

Moderne Strenge

Als Baumaterialien wurden lediglich helle Kieselsteine, bläuliche Natursteinplatten und vom Umbau übrig gebliebene Ziegel verwendet. Aus dem blauen Stein bestehen die Einfassung des Pools und die schmalen Wege im Garten (ganz links). Für die kleinen Steinterrassen an den Kreuzungen der Wege wurden sie mit den matt rötlichen Ziegelsteinen zu einem Kreuzmuster kombiniert (rechts). Die Grundgestaltung in Grün und Weiß wird nur vereinzelt durch bunt gestrichene Kübel oder farbige Blattpflanzen (links) aufgelockert.

legte die Gartendesignerin Judy Horton in Blickrichtung der Bibliothek eine Reihe miteinander verbundener Terrassen an. Bläulicher Naturstein wurde mit den Ziegeln in einem Kreuzmuster verlegt. So entstanden mehrere kleine Flächen, die als Sitzplätze oder Stellfläche für Kübel genutzt werden können. Cremefarbener Kies umgibt den Baum, dessen elegant gebogenes Astwerk fast wie eine Gewölbedecke wirkt und im Sommer willkommenen Schatten spendet. Der kurz geschorene Rasen, eingerahmt und durchzogen von schmalen Wegen aus Steinplatten, sieht aus wie ein edler grüner Teppich. Bewusst außerhalb der Mitte wurde das kreisrunde Wasserbecken platziert, in dem sich Himmel und Geäst spiegeln.

Eins der wesentlichen Merkmale dieses Gartens ist sein Understatement. Bei den Baumaterialien haben sich die Besitzer auf wenige Farben und Texturen beschränkt, aber auf erstklassige Verarbeitung geachtet. Die einfachen, strengen Formen geben den organischen Pflanzenformen einen stilvollen Rahmen. Akkurat beschnittene Buchsbaumhecken wiederholen die Geometrie der Rasenflächen in dreidimensionaler Form, während die auffälligen Blätter von Acanthus und Sago Palme wie lebendige Skulpturen wirken. Grün und Weiß sind die Grundfarben dieses Gartens, in dem silbrige Blätter und weiße Blüten sich von dunklerem Laub abheben. Hier und da leuchten aber vereinzelte Farbtupfer in Orange, Chartreuse und Dunkelrot.

Wie Vasen mit Blumen in einer minimalistischen Wohnung werden hier Töpfe und Kübel gezielt als Dekoration des zurückhaltend gestalteten Gartens eingesetzt. Sie eignen sich gut, um den Garten saisonal mit Farbtupfern aufzulockern, zumal empfindliche Pflanzen in kühleren Regionen ohnehin im Haus überwintern müssten.

Links: Auf einer hohen Säule erhebt sich aus einer klassischen Urne schwärzlich-rotes Rosettendickblatt ‚Schwarzkopf' über einem Polster aus kleinblättrigen Sukkulenten.

Oben: Die mächtige Tonurne besitzt so viel Präsenz, dass sie auch ohne Bepflanzung einen guten Blickfang im attraktiven Küchengarten abgibt.

Rechts: Auf einer Wegkreuzung macht ein hellgrün gestrichener Pflanzkasten mit einer Buntnessel, die an Paisleys denken lässt, auf sich aufmerksam.

Ganz rechts: Der Großteil des Gartens ist mit immergrünen und silbrigen Arten bepflanzt, die durch ihre Kombinationen und geometrischen Schnittformen wie dreidimensionale Collagen wirken.

Der Garten ist vorwiegend in Grün und Weiß gehalten, nur hier und da leuchten saisonale Farbtupfer in Orange, Chartreuse und Dunkelrot.

Die großen, an Paisleys erinnernden Blätter von Buntnesseln und Begonien sehen in lindgrün gestrichenen Pflanzkästen hinreißend aus. Eleganter wirken klassische Urnen mit dunklem Aeonium und anderen Sukkulenten.

Angst vor leeren Flächen haben die Besitzer dieses Gartens nicht. Im Gegenteil, wie eine weiße Wand, die ein Bild „atmen" lässt, sorgen diese Freiflächen erst für die klassisch-kühle Wirkung der Anlage. Gepflegte Rasenflächen und schlichtes Pflaster schaffen erst den Rahmen, in dem die dichter bepflanzten Bereiche zur Geltung kommen. Sie sorgen auch dafür, dass die Natur ihren Auftritt hat, etwa wenn die langen Abendschatten Streifenmuster malen oder sich ein kurzlebiges Mosaik aus gefallenen Blüten auf dem Rasen sammelt.

Interessante Mitbringsel von Reisen in alle Welt vertragen sich in diesem individuellen Garten bestens mit Fundstücken von Flohmärkten und Sperrmüll. In dieser Welt aus Gartenräumen, die mit ihren Skulpturen wie Tempel wirken, kann man Raum und Zeit vergessen.

Exotische Illusion

Wer sich zur Gestaltung seines Gartens ein Thema wählen möchte, sollte den Mut aufbringen, es auf dramatische Weise umzusetzen. Genau das haben der verstorbene Bühnenbildner Tony Duquette und seine Frau Elisabeth im Garten ihres Hauses hoch oben in den Canyons von Beverly Hills getan. Durch die Hintertür gelangt man in eine geheimnisvoll-exotische Welt. Goldene Tempel, schreinartige Pavillons und zierliche Pagoden sind von einem Netzwerk aus Brücken und Stegen mit durchbrochenen Geländern verbunden. Man meint, sich in eine Ruinenstadt mitten im Dschungel verirrt zu haben, die vor langer Zeit von einem fremden Volk bewohnt war.

Großes Foto: Steiles Gefälle ist für einen Gartengestalter eine Herausforderung. Die Duquettes haben sie angenommen und eine geheimnisvolle Welt aus Sitzplätzen, Pavillons und Hängebrücken geschaffen. Allein durch die verwegene Idee und ihre konsequente Umsetzung wirkt der Garten größer und exotischer, als er in Wirklichkeit ist.

Links und oben: Einige Baumaterialien stammen vom Schrott und vom Sperrmüll. Andere, etwa diese Statue mit dem unerschütterlichen Lächeln, sind geliebte Mitbringsel von Reisen in ferne Länder.

Palmen und Eukalyptusbäume recken sich wie riesige Schirme in die Höhe und werfen gefleckte Schatten. Farne sprießen aus verwitterten Mauern, Efeu schlingt sich um Baumstämme und Türen. Hängende Töpfe mit Farnen und Grünlilien erinnern an Kronleuchter.

Dies ist ein Garten der Überraschungen und Illusionen. Manche Elemente wirken überlebensgroß, dabei ist der Garten nicht gerade riesig. Weil das Grundstück ein so starkes Gefälle hat, beschlossen die Duquettes, einen „senkrechten" Garten anzulegen und die stattlichen Bäume als Stützen für miteinander verbundene Hängebrücken und Sitzplätze zu verwenden. Der Garten ist längst nicht so aufwändig, wie man meinen möchte. Die Idee ist zwar verwegen, das Budget jedoch war recht bescheiden. Skulpturen und Pagoden beispielsweise bestehen aus Teilen von Industrielampen-Blendschutzgittern, Autoscheinwerfern und gestrichenem Plastik. Was aussieht wie geschnitzte, vergoldete Säulen sind tatsächlich Holzpfosten, die mit goldbesticktem Saristoff umwickelt und mit Bootslack versiegelt sind. Viele der größeren Elemente stammen von abgewrackten Schiffen, beispielsweise die „Hängebrücken", die einmal Gangways waren. Durchbrochene Kunststoffplatten sehen durch einen Anstrich im richtigen Farbton aus wie geschnitzte Jade. Durch dieses fantasievoll eingesetzte Sammelsurium wirkt der Garten witzig und kein bisschen

Großes Foto: Der Pavillon mit dem Essplatz ist nur eines der vielen Gebäude, die wie eine vergessene Ruinenstadt zwischen den hohen Bäumen versteckt sind. Aus dem schattigen Pavillon blickt man zwischen alten, gestrichenen Fensterläden hinaus auf den Garten.

Oben links: Eine ramponierte Brüstung aus Falcon's Lair, dem Anwesen Rudolph Valentinos, führt zu einer Laube im unteren Gartenteil.

Oben rechts: Die schillernden Obelisken bestehen aus Metallrahmen, die mit Schalenstücken von Abalone-Muscheln beklebt sind. Die geschwungene Skulptur im Stil eines Totems ist eine Kreation aus gestrichenen Metall- und Kunststoffresten.

Oben: Vor der Laube wacht eine skurrile Stachelschwein-Skulptur.

Oben rechts: Der Garten ist ein Lehrbeispiel für kreatives Recycling. Die Säulen dieses kleinen Tempels sehen aus der Ferne aus wie geschnitztes, vergoldetes Holz. Tatsächlich wurde nur Saristoff mit einem Tacker auf simplen Pfählen befestigt und mit glänzendem Bootslack versiegelt.

Rechts: Eine lackierte Pagode steht neben einem anderen Weg.

Links: Töpfe mit Grünlilien stehen auf den Säulen an diesem Übergang, andere hängen wie grüne Kronleuchter von Balken herab.

Die skurrile, exzentrische Sammlung wirkt nicht wie Stückwerk, weil alle Elemente in den gleichen sanften Rot- und Grüntönen gestrichen sind. Die Farbe verblasst allmählich und blättert hier und da ab, doch ebenso wie die üppige Vegetation, die alle Flächen zu besiedeln scheint, verstärkt das nur die Illusion einer uralten Ruinenstadt tief im exotischen Dschungel.

pompös. Auch die Beschränkung auf nur zwei Farben, inzwischen leicht verblichenes Grün und Rot, ist für das geschlossene Gesamtbild entscheidend. In dieser Fantasiewelt kommen aber auch die echten exotischen Raritäten in ihrer ganzen Pracht zur Geltung: chinesische Vasen, balinesische Kugeln, Tempeltüren und Pfosten von thailändischen Häusern. Und die Pflanzen bilden den grünen Faden, der alles zusammenhält.

Die Pflanzen spielen zwar gegenüber den Gebäuden die zweite Geige, doch sie unterstreichen allein durch ihre lebhafte Fülle die Atmosphäre des Gartens. Stattliche Palmen und Eukalyptusbäume recken sich wie Schirme in die Höhe und werfen diffuse Schatten. Farne sprießen aus verwitterten Mauern, Efeu umschlingt Baumstämme und Türen. Farne und Grünlilien in Töpfen hängen wie grüne Kronleuchter von den Decken oder krönen Säulen, die den Eingang zum Pool oder zu anderen Gartenteilen einrahmen. In einem Garten mit so vielen Bauten lockert das üppige Laub die harten Konturen auf und gibt der Anlage eine altehrwürdige Ausstrahlung. Orchideen, Bromelien, blühende Kakteen und Agaven stehen wie lebende Skulpturen in den Gartenräumen und tragen zum exotischen Ambiente bei.

Ein so ungewöhnliches Gestaltungsthema kann auch durch eine besondere Sammelleidenschaft bereichert werden. Dieser Garten ist das Resultat von 40 Jahren Arbeit und Reisen, ein Hafen für Schätze und Treibgut aus aller Welt. Selbst weniger ambitionierte Sammler können mit ihren Erinnerungsstücken an Orte, Menschen und Momente einen ungemein persönlichen, lebendigen Garten erschaffen.

Oben und rechts: Im Sommer blühen üppige rosa Kletterrosen, doch während des übrigen Jahres kommt die Farbe aus dem Topf. Die Rückseite des Hauses ist in einem sanften Ockergelb gestrichen, von dem sich das helle Blau der Fensterrahmen abhebt. Die Farbkombination erinnert an den Mittelmeerraum. Hellblau sind auch die Rankgitter gestrichen, während der einfache Holzklappstuhl butterblumengelb leuchtet. Die kräftige Farbe sorgt dafür, dass auch die anderen Pastelltöne nicht zu blass aussehen.

Illusion und Versteck sind die Zauberworte dieses Gartens voll geheimnisvoller Spiegel, gewundener Formschnittfiguren und verborgenen Sonnen- und Schattenplätzchen für die verschiedensten Tageszeiten.

Verwunschenes Idyll

Oben: Durch einen hölzernen Spitzbogen, der Clematis und anderen Kletterpflanzen Halt gibt, tritt man in den Hauptteil des Gartens. Der Kopfsteinpflaster-Weg wird zum hinteren Ende hin kaum merklich schmaler, sodass der Garten länger wirkt als er ist. Dies ist aber nur eine der Überraschungen, die der Garten bereithält. Eine andere ist die „blinde" Tür in der rückwärtigen Mauer, die in einen weiteren geheimen Garten führen könnte.

Manche Gärten nehmen den Besucher schon beim Betreten gefangen. Einen solchen Zaubergarten hat die Schriftstellerin Mirabel Osler auf ihrem Grundstück auf der Grenze zwischen England und Wales geschaffen. Aus einem schmalen Stadtgärtchen ist ein blühendes Paradies geworden, in dem viele Besucher die Zeit vergessen.

Türen sind ein Teil der magischen Formel. Den ersten Blick auf den Garten hat man schon beim Betreten des Hauses – eingerahmt von der Tür am Ende des langen Hausflurs. Um in den eigentlichen Garten zu gelangen, muss man

Unten: Strohhüte und Weidenkörbe in einem Fenster an der Rückseite des Hauses sehen von innen und außen hübsch aus und erzählen selbst an kalten Wintertagen Geschichten vom Sommer. Die schöne Kletterrose ‚Noisette Carnée' rahmt das Fenster mit einer Kaskade von Blüten ein, die perfekt zum Haus passen. Die alte Wasserpumpe funktioniert zwar nicht mehr, ist aber sehr dekorativ.

Dies ist ein Garten zum Schlendern und Staunen. So klein er ist, er bietet verblüffend viele Plätze, an denen man sich setzen und dem Spiel der Blätter im Wind zuschauen kann. Und jeder von ihnen hat seine ganz eigene Atmosphäre.

durch einen Holzbogen gehen. Ganz automatisch hält man hier inne und wird sich bewusst, dass man einen speziellen Bereich betritt. Der Weg aus Kopf- und Ziegelsteinpflaster verjüngt sich und verlängert den Garten optisch. An seinem Ende liegt eine geheimnisvolle gelbe, von weißen Kletterrosen gerahmte Tür, die in einen weiteren Gartenteil zu führen scheint.

Dies ist ein Garten zum Schlendern und Staunen. So klein er ist, er bietet verblüffend viele Plätze, an denen man sich setzen und dem Spiel der Blätter im Wind zuschauen kann. Und jeder von ihnen hat seine ganz eigene Atmosphäre. Durch geschickte und doch

Oben links: Der Blick zum Haus vom langen Weg, der die Gartenbereiche verbindet. zwischen den Farnen am Rand steht eine große irdene Vase.

Links: Die Spiegel an den Wänden reflektieren die Pflanzen, darunter viele, die in interessante Formen geschnitten sind.

Oben: Gelbe Klappstühle und eine verschnörkelte Bank in Hellblau passen gut zu dem Tisch aus einem alten Nähmaschinengestell. Spiegel an Mauern und Zäunen reflektieren das Laub und verwirren den Orientierungssinn. Wein, Kiwi und Clematis spenden Schatten. Im Frühsommer sind die Blüten des *Sommerflieder* eine Augenweide.

„Ich glaube fest daran, dass in jedem Garten ein guter Geist wohnt, der auch aus einem Missgeschick noch einen Erfolg machen kann."

zufällig wirkende Raumausnutzung und Bepflanzung hat Mirabel Osler mehrere Sitzplätze für verschiedene Tageszeiten geschaffen. Der gepflasterte Hof vor der Küchentür hat Mittelmeerstimmung – ideal, um beim Geplätscher des winzigen Wandbrunnens den Morgenkaffee zu genießen. Unter dem Blätterdach von Wein, Kiwi und Clematis steht ein Esstisch, der von den Spiegeln in den seitlichen Zäunen unendlich vervielfältigt wird. Wer Ruhe sucht, kann sich in die gestrichene Laube seitlich vom Weg zurückziehen und durch ein Guckloch in der Wand frühzeitig sehen, wer sich nähert. Und die einfache Holzbank, halb versteckt zwischen Rosen, Farnen und Lenzrosen, ist so platziert, dass man hier die letzten Sonnenstrahlen des Tages genießen kann.

Der Zauber des Gartens beruht auch auf seiner Bepflanzung. Mirabel hat erst kürzlich den Formschnitt für sich entdeckt und gestaltet nun faszinierende Formen. Eine Reihe junger Eukalyptusbäume wurde zu Kelchen, zwei Weiden zu stämmigen Pilzen, und Wacholder, durchflochten von Kletterrosen, wirken durch die Zypressenform so italienisch, wie man es in England kaum für möglich hält. Während die Immergrünen zu skurrilen Formen geschnitten sind, dürfen Rosen und Kletterpflanzen frei wachsen, filigrane Gardinen und schattige Lauben bilden und die Gartenbereiche dezent gliedern. Das Geheimnis des Gartens liegt darin, dass man immer nur einen kleinen Teil überblicken kann. So wirkt er trotz seiner ganz durchschnittlichen Größe so spannungsreich und geheimnisvoll wie eine viel grössere Anlage. Nur aus einem Fenster im Obergeschoss sieht man ihn im Ganzen – aber es wäre schade, ihn zu entzaubern. Ein Jahr später wird der Garten ganz anders aussehen. Bäume sind vielleicht verschwunden oder haben eine ganz andere Form. „Darin liegt doch ein Teil des Reizes", sagt Mirabel Osler. „Wenn eine Idee nicht funktioniert, muss sie für eine andere Platz machen. Ich glaube fest daran, dass in jedem Garten ein guter Geist wohnt, der auch aus einem Missgeschick noch einen Erfolg machen kann.

Überall im Garten hat Mirabel Kübel und Töpfe in zwanglosen Gruppen arrangiert.

Ganz links: Terrakottakübel und ein Rhabarber-Treibtopf vertragen sich in der schattigen Ecke gut mit Farnen und Hosta.

Links: Die Regale mit dem kleinen Vordach hat Mirabels Schwiegersohn nach einer einfachen Skizze gebaut. Auf den Brettern steht eine grüne Urne aus dem Périgord neben kleinen, glasierten Töpfen und verschiedenen Stücken, die Mirabel im Garten gefunden hat.

Rechts: An einer Seite des Gartens steht eine Linden-Hochstammhecke. Auf dem Zaun sind Spiegel befestigt, am hellblau gestrichenen Spalier ziehen sich Kletterpflanzen in die Höhe.

Unten: Ein improvisiertes Regal aus einer übrig gebliebenen Schieferplatte auf simplen Metallwinkeln trägt helle Tontöpfe und First-Dekorationen aus Griechenland. Die Farben sehen vor der gelb gestrichenen Backsteinwand hinreißend aus.

Sinnlicher Minimalismus

Minimalismus liegt im Trend, doch nirgends steht geschrieben, dass er kalt und nüchtern sein muss. Das beweist dieser moderne Dachgarten mit seiner eleganten Kombination aus Holz, Wasser und Stein.

Gegenüber und oben links: Deckenhohe Türen sorgen dafür, dass die Grenzen zwischen Innen- und Außenraum optisch und auch in Bezug auf die Nutzung verschwimmen. Im Sommer laden bequeme Möbel von B&B Italia zum Plaudern am niedrigen Tisch ein. Die gedrehten Zweige der Korkenzieherweide (großes Foto) bilden einen interessanten Kontrast zu den klaren, geradlinigen Gestaltungsformen.

Links: Birken sehen in einem Dachgarten sehr gut aus – fast wie ein Wäldchen im Himmel – und versperren mit ihren lichten Kronen nicht die Sicht. Auch ihr leuchtend gelbes Herbstlaub ist eine Augenweide.

Oben Mitte: Ringsherum sorgen Pflanzen für Windschutz. Der Boden besteht aus Rotzeder-Bohlen, die in verschiedenen Richtungen verlegt wurden, damit sie abwechslungsreicher wirken. Vor dem Verlegen des Holzes auf einer 30 cm hohen Unterkonstruktion musste das Dach neu versiegelt werden. Eine dicke Schicht Flusskiesel gleicht den Höhenunterschied aus, die Decks scheinen nur knapp über ihnen zu schweben.

Oben rechts: Die Kiesel sind ein attraktiver Hintergrund für Pflanzen – hier die jungen Triebe einer Hosta. Außerdem reduzieren sie das Unkraut auf ein Minimum.

Als Fiona Naylor und ihr Ehemann in die Penthousewohnung im Osten Londons zogen, schwebte ihnen ein schlichter, moderner Stil vor, jedoch ohne nüchterne Kühle. Als Architektin fiel es Fiona nicht schwer, die Wohnräume in einem reduzierten und doch behaglichen Stil einzurichten. Dann ging sie daran, der Dachterrasse, die sich rings um die Wohnung zieht und durch deckenhohe Glastüren zugänglich ist, ein ähnliches Ambiente zu verleihen. Holz und Naturstein sind die einzigen Baumaterialien: Rotzeder für Decks und Wege, graubeige Flusskiesel für den Rest. Diese Kombination aus warmem Holz und hellen Kieseln bildet einen ruhigen Hintergrund für die Pflanzen, die auch als Windschutz dienen. Scharfer Wind ist das typische Problem von Dachgärten, er kann die Nutzung und die Zahl

der geeigneten Pflanzen erheblich einschränken. Durch geschickte Bepflanzung, die auch den Verkehrslärm wirkungsvoll dämpft, wurde hier der Wind auf ein sanftes Laubrascheln reduziert. Wenige verschiedene Arten wurden in großen Gruppen auf dem Dachgarten angeordnet: raschelnder Bambus und zu Hecken gestutzter Eukalyptus auf der Südseite, um den Essplatz auf der Nordseite Ziergräser, Ölweide und schlanke Birken. Die Pflanzen bieten zwar guten Windschutz, versperren aber nicht die beeindruckende Aussicht auf die Stadtkulisse, die am Abend glitzert und in der Sommerhitze in einem Dunstschleier versinkt.

Die großartige Aussicht über die Stadt ist ein großer Bonus dieser Dachterrasse. Es wäre ein Jammer, wenn der notwendige Windschutz diesen Blick versperren würde. Lindsey Whitelaw beriet die Besitzer bei der Auswahl von Pflanzen, die gut aussehen und trotzdem den Wind brechen. An einer Seite wurde eine Hecke aus *Ölweide* gepflanzt, an der anderen wurden Bambus und Eukalyptus in großen Gruppen kombiniert. Der Reiz des Bambus (rechts) liegt auch darin, dass seine Blätter schon beim kleinsten Windhauch leise rascheln.

Neben einem so strengen, modernen Gebäude hätten architektonische Pflanzen in auffälligen Kübeln vielleicht zu hart oder zu maskulin ausgesehen. Natürlichere Pflanzen dagegen bilden einen guten Kontrast zu strenger Architektur. Eine zarte Birke kann sogar einen langweiligen Büroblock aufwerten. Fiona hat Bäume, Sträucher und Gräser ausgewählt, die durch ihre natürlichen Wuchsformen die geraden Linien des Baus auflockern und zu verschiedenen Jahreszeiten attraktiv sind. Die Korkenzieherweide ist ein gutes Beispiel. Im Winter sehen die kahlen, gedrehten Zweige skurril aus, im Frühling trägt sie einen hellgrünen Schleier. Gruppen aus Farnen und Hosta sehen zwischen den hellen Flusskieseln hübsch aus, die außerdem die Verdunstung reduzieren und Unkrautwuchs unterdrücken.

Eine der sinnlichen Attraktionen dieses Gartens ist Wasser. Ein schmaler, rechteckiger Trog aus verzinktem Metall reicht aus, um einen ruhigen Kanal zu gestalten, in dem sich die Blätter und der Himmel spiegeln können.

Größere Steine, die hier und da zu Kreisen oder Haufen angeordnet sind, wirken wie spontane, improvisierte Landschaftskunstwerke.

In der Stadt haben Dachterrassen gegenüber Gärten einen Vorteil: Sie haben ausgezeichnete Lichtverhältnisse. In diesem Beispiel lenken weder die geradlinige Anlage noch die Materialien von den subtilen Veränderungen des Lichts im Lauf des Tages ab. Die Morgensonne malt getupfte Schattenmuster auf Steine und Holz, die Abendsonne taucht alles in einen rosa Schimmer. Eine weitere sinnliche Attraktion dieses Gartens ist Wasser. Ein schmaler, rechteckiger Trog aus verzinktem Metall reicht aus, um einen ruhigen Kanal zu gestalten, in dem sich die Blätter und der Himmel spiegeln können. Der flache Kanal ist auch für die kleinen Kinder der Besitzer ungefährlich. Sie amüsieren sich hier gern mit ihren Spielzeugbooten.

Trotz der chicen Designermöbel und der modernen Details ist dies ein Familiengarten zum Spielen, Ausruhen und Feiern – ein Ort zum Leben. Die Kinder haben ihre eigene Ecke mit Sandkiste, die Eltern können auf einem der Decks die Seele baumeln lassen oder im Licht der Abendsonne mit Freunden plaudern oder essen. Und weil ein Garten dieses Stils sehr wenig Pflege braucht, bleibt auch genug Zeit, ihn zu genießen.

Oben links: Der Schriftzug HOSTA aus Messingbuchstaben auf dem Zedernholzdeck fällt deshalb besonders ins Auge, weil sich in diesem minimalistischen Garten dekorative Accessoires rar machen.

Großes Foto und unten links: Der Kanal mag schmal und flach sein, doch er ist ein wichtiger Blickfang des Dachgartens. Wasser wirkt immer erfrischend und beruhigend, gleichzeitig beleben die Spiegelungen und die kleinen Wellen auf der Oberfläche den Garten. Interessant ist auch, dass der Kanal unter dem Holzdeck verschwindet.

Moderner Gartenstil muss nicht mit geraden Linien und rechten Winkeln gleichgesetzt werden. Hier hat sich ein einfallsreicher Designer von der Landschaftskunst inspirieren lassen und einen Garten mit einer schwungvollen Trockenmauer entworfen.

Natürliche Dynamik

Wer an moderne Gärten denkt, assoziiert oft gerade Linien. Dabei können Kurven ebenso modern sein. Anregungen liefert die Natur selbst mit ihrer organischen Asymmetrie, an der sich auch die fließenden Formen japanischer Kiesgärten orientieren. Selbst abstrakte Kunst und Landschaftskunst können Impulse geben. Allerdings sollte man sich auf schlichte Konzepte beschränken und bei einer Formensprache bleiben – etwa Kreis, Spirale oder Schlangenlinie. Zu viele unterschiedliche Elemente treten leicht in Konkurrenz zueinander und wirken letztlich verwirrend.

Die Landschaftskunstwerke des Bildhauers Andy Goldsworthy gaben den Ausschlag für die Gestaltung dieser schwungvoll S-förmigen Mauer, die einen langweiligen Vorortgarten in eine

Eine niedrige Schiefermauer schlängelt sich durch diesen Garten und verwandelt ihn in ein abstraktes Bild, das man aus den oberen Fenstern sehr gut erkennt. Der Zierkirschbaum, über den manch modebewusster Gärtner die Stirn runzeln mag, ist hier ein fantastischer Blickfang.

Die Natur steuert ein Schauspiel ganz eigener Art bei: Jedes Jahr im Mai verstreut die Zierkirsche ihre Blütenblätter wie einen Teppich aus rosa Konfetti im Garten.

aufregende, dynamische Anlage verwandelt. Aus tausenden dünnen Schieferplatten ist eine niedrige Trockenmauer entstanden, die sich in weiten Schwüngen durch den Garten zieht – von der Terrasse am Haus um den Stamm eines Baums, weiter um ein rundes Holzdeck, ehe sie am Ende des Gartens in einem Beet zu versinken scheint. Gestalterisch ist diese Mauer zweifellos eine große Geste, mit der es dem Designer Roberto Silva gelungen ist, die verschiedenen Gartenbereiche zu einer Einheit zu verbinden und einen einzigartigen Grundriss zu schaffen, der vor allem aus dem Obergeschoss hinreißend aussieht. Die schwungvolle Kurve trennt den Rasen am Haus von der Kiesfläche unter dem Baum und dem dahinter gelegenen Holzdeck. Von oben sieht der Garten aus wie ein riesiges abstraktes Bild.

Die Mauer ist aber nicht nur ein ästhetisches Element, sondern erfüllt in dem Familiengarten auch einige Funktionen. Sie ist nirgends höher als 60 Zentimeter – ideal für Kinder zum Balancieren. Sie dient als Sprunghürde für lebhafte Hunde, als Slalomstrecke für Spielzeugautos, als Sitzgelegenheit, als Abstellfläche für Teller bei sommerlichen Parties – und wird manchmal mit vielen Windlichtern festlich herausgeputzt. Ein Kiesweg verläuft an der Mauer entlang zum Holzdeck, auf dem gelegentlich Lifemusik gemacht wird – Steckdosen für elektrische Gitarren und Verstärker sind unter einem der großen Feldsteine am Boden versteckt. In ruhigeren Momenten hört man das Plätschern des Wasserspiels, das in die Säulen aus Natursteinen in der Nähe des Baums integriert ist.

Naturstein ist eines der Hauptthemen dieses Gartens – von der Trockenmauer aus silbrig schimmerndem Schiefer bis zu den kleineren, eher dekorativen Elementen.

Ganz links und links: Große Findlinge im Rasen und hinter dem Holzdeck lassen an japanische Gärten denken. Kleinere Exemplare sind zu Säulen aufgetürmt.

Unten links: Am Fuß der Steinsäulen liegen größere Kiesel scheinbar zufällig verteilt. Sie verstecken das Reservoir für das Wasser, das über die höchste Säule tröpfelt.

Unten rechts: Größere, unregelmäßig verteilte Steinplatten dienen als Trittsteine in der Kiesfläche unter dem Baum.

Naturstein in verschiedenen Formen ist das Grundthema dieser Gartengestaltung – von der Schiefermauer über die Feldsteine mit dem Wasserspiel bis zur Kiesfläche. Alle anderen Elemente des Gartens sind bewusst zurückhaltend, um die Wirkung der Mauer zu betonen und nicht zu dämpfen. Die Möbel sind unauffällig, die Pflanzen überwiegend grün und silbrig: viel Eukalyptus, schirmartige Baumfarne und Tuffs von Gräsern. Fächerahorn wurde wegen seiner spektakulären Herbstfärbung gewählt, aber auch, weil er mit anderen japanisch angehauchten Elementen korrespondiert. In japanischen Gärten symbolisieren Findlinge Berge – hier steht ein einzelner Findling im Rasen als Sinnbild für das Grundmaterial des Gartenkunstwerks. Bunte Blüten und grelle Farben gibt es hier nicht. Aber einmal im Jahr greift die Natur zum Pinsel und lässt den Kirschbaum, der in England als Sinnbild des spießigen Vorort-Gartens gilt, seine rosa Blütenpracht entfalten, die anschließend wie surrealistischer Schnee den Boden bedeckt. Dann ähnelt der Garten einer Installation in einer Kunstgalerie.

Unten links: Zart grün schieben sich die schmalen Blätter der Montbretien aus dem Kies, die im Spätsommer flammend orangefarbene Blüten tragen.

Unten rechts: Jedes Jahr im Mai verstreut der Kirschbaum seine rosa Blätter wie Konfetti auf dem Kies.

Großes Foto: Die Mauer wurde in traditioneller Trockenbauweise aus walisischem Schiefer gebaut. Sie sieht hinreißend aus, ist aber auch praktisch. Mit einer Höhe von maximal 60 Zentimetern eignet sie sich als Sitzgelegenheit in der Sonne, die geschwungene Form regt Kinder zu allerlei Spielen an. Und wenn gefeiert wird, bietet sie Platz für viele dekorative Windlichter – und zum Abstellen von Tellern.

Oben und unten Mitte: Die Bepflanzung beschränkt sich weitgehend auf Grünpflanzen, die nicht mit der Mauer konkurrieren. Tuffs des interessanten Blauschwingels erheben sich hier und da aus dem Kiesbett.

Teil zwei

Details

Möbel 54   Beleuchtung 66

Kunst und Skulptur 76   Kübel 88   Rankhilfen 100

Formschnitt 106   Lauben und Verstecke 112

Wasserspiele 118   Basisarbeit 124

Möbel

Ob elegante Liegen, Retro-Chic oder Einzelanfertigung: Die Möbel sollten immer auf den Stil des Gartens abgestimmt sein. Alte Lieblingsstücke und Möbel vom Trödler sehen mit noblen weißen Leinenkissen und einen frischen Anstrich in einer frechen Farbe gleich viel attraktiver aus.

Unten: Moderne Möbel können chic und trotzdem bequem sein. Diese schlichten Kunststoffstühle von Robin Day sehen gut aus und sind sehr komfortabel. Ihre grafische Form kommt vor der immergrünen Hecke gut zur Geltung. Wie alle anderen Möbel auf der Dachterrasse (**gegenüber oben und unten links**) sind sie elegant und benutzerfreundlich.

Dass zu einem schönen Garten Möbel gehören, versteht sich von selbst. Für ein grünes Wohnzimmer braucht man zumindest Sessel, dazu vielleicht einen Esstisch und Stühle für Mahlzeiten an der frischen Luft. Und wer das Leben im Freien auf die Spitze treiben will, könnte über einen Kamin und einen Schlafplatz für warme Sommernächte nachdenken.

Die wichtigsten Einrichtungsstücke sind natürlich die Sitzmöbel. Wie soll man sich in einem Garten entspannen, wenn man sich nicht setzen kann? Er kann noch so grün und prächtig sein, man möchte doch nicht immer auf dem Rasen liegen. In großen Gärten bieten sich oft mehrere Plätze an. Einer, um bei einer Tasse Kaffee die Morgensonne zu genießen, eine Loggia oder Markise als Schutz vor der Mittagssonne und ein weiterer, den die letzten Strahlen der Abendsonne wärmen. Vielleicht gibt es auch versteckte Winkel, in denen man einen einzelnen Sitzplatz zum Zurückziehen oder eine romantische Rosenlaube mit einer Bank für zwei schaffen könnte. Größere Flächen bieten sich für Geselligkeit und Feiern mit vielen Personen an. Natürlich könnten Sie solche Plätze für bestimmte Zwecke auch neu anlegen. In den meisten Fällen werden Sie sich für die eine oder andere Nutzung entscheiden müssen – oder pfiffige, variable und mobile Möbel wählen.

Eine interessante Lösung bieten auch Gartenmöbel, die fest in die Anlage integriert sind. Die einfachste Variante sind niedrige Stützmauern, Einfassungen von Hochbeeten oder Stufen, die als Sitzgelegenheit dienen können. Solche Elemente erfüllen eine praktische Funktion und bieten Platz für überraschende Gäste, ohne dass man Stühle tragen muss. Das andere Extrem wären aufwändige, maßgeschneiderte „Einbaumöbel" mit

Zu einem minimalistischen Garten passen Möbel, die in Stil und Farbe einheitlich sind. Auf der Dachterrasse wurden moderne Stücke in Weiß kombiniert, darunter ein 50er-Jahre-Gitterstuhl von Harry Bertoia, Stühle von Robin Day (oben rechts), eine schwungvolle Liege, ein Tisch und passende Sessel mit Lederbesatz von B&B Italia (**oben und ganz oben**).

Rechts: Dieser zusammenklappbare Liegestuhl aus Holz steht auf der Rasenfläche wie eine abstrakte, moderne Skulptur.

Großes Foto: Im herrlichen Garten der Designerin Judy Kameon stehen am Swimmingpool verschnörkelte 50er-Jahre-Stühle um einen Glastisch. Die Polster in sanftem Grün und Flieder sind auf die rosa eingefärbte Betonmauer abgestimmt. Der zierliche Caféhaus-Stil passt zu der geselligen Atmosphäre, die im ganzen Garten zu spüren ist.

In großen Gärten gibt es oft mehrere Plätze: einen in der Morgensonne, einen anderen, um an milden Abenden die letzten Sonnenstrahlen zu genießen.

integrierten Tischen und anderen Elementen. Natürlich müssen solche fest eingebauten Möbel gut durchdacht sein. Am besten lassen sie sich integrieren, wenn man einen Garten neu anlegt. Ihr Vorteil ist ihre Dauerhaftigkeit. Außerdem können sie, wenn sie geschickt konstruiert sind, einen kleinen Garten größer und übersichtlicher wirken lassen. Sie sind zu allen Jahreszeiten ein fester Bestandteil des Gartens. Polster sind für die Bequemlichkeit nötig, und wer Lust auf Veränderung hat, kann jederzeit ohne viel Aufwand die Bezüge auswechseln. Der Nachteil ist, dass solche Einbauten oft teuer sind und nicht einfach umgeräumt werden können. Wer also Einbaumöbel plant, sollte genau überlegen, wo er sie platziert.

Die meisten Gartenbesitzer entscheiden sich für einige frei stehende Möbel, meist einen Tisch, Stühle und vielleicht eine Bank. Heute werden so viele interessante Gartenmöbel angeboten, dass es keinen Grund mehr gibt, langweilige Plastikmöbel aus dem Baumarkt zu kaufen. Alt oder neu, antik oder vom Flohmarkt, Design-Klassiker, Maßanfertigung oder Eigenbau – was Sie wählen, hängt von Ihrem Bud-

Im gleichen Garten gibt es eine Reihe anderer Plätze für verschiedene Tageszeiten.

Oben Mitte: Am Tisch mit den leuchtend grünen und kobaltblauen 50er-Jahre-Stühlen auf der Terrasse im Schatten eines mächtigen Pfefferbaums kann man es in der Mittagshitze aushalten. Am Abend wird die Papierlaterne mit der Niedervolt-Birne, die im Baum hängt, eingeschaltet.

Oben rechts: Zwei Sonnenliegen mit dicken Auflagen laden zum Dösen am Pool ein. Sie haben Räder, damit man leicht der Sonne folgen kann.

Oben links: Neben der Liege steht ein kleiner Mosaiktisch mit verschnörkeltem Gestell für ein Buch oder einen Drink.

get, Ihrem Geschmack und dem Stil Ihres Gartens ab. Denken Sie dabei nicht nur über das Aussehen nach, sondern auch über praktische Gesichtspunkte. Sollen die Möbel ganzjährig im Freien bleiben, müssen sie auch widrigstes Wetter vertragen. Tische mit Schieferplatten und Bänke aus imprägniertem Holz sind gut geeignet. Vielleicht empfinden Sie ein bisschen Moos auf dem Holztisch oder etwas Rost an den lackierten Metallstühlen auch als sympathische Patina und nicht als Zeichen des Verfalls. Wenn es Ihnen nichts ausmacht, die Möbel regelmäßig unter Dach und wieder ins Freie zu schaffen, haben Sie eine viel größere Auswahl. Klappmöbel, die es in vielen attraktiven Varianten gibt, lassen sich besonders gut verstauen. Die Elemente müssen nicht unbedingt perfekt zusammenpassen. Ich finde, dass ein Sammelsurium gestrichener Holzstühle um einen Esstisch sehr attraktiv aussehen kann. Und selbst ein alter Chintzsessel unter einem Baum hat einen exzentrischen Charme.

Auf eine moderne Terrasse oder ein Holzdeck passen schlichte, moderne Möbel am besten, vor allem, wenn Sie auch in der Wohnung diesen Stil gewählt haben. Sehen Sie sich nach Designklassikern um, die man bei spezialisierten Händlern bekommt – aber gelegentlich auch in Secondhand-Shops oder auf Garagenflohmärkten. Selbst Baumärkte und Gartencenter haben manchmal attraktive Stücke im Angebot. Vielleicht möchten Sie auch einen jungen, aufstrebenden Designer mit einem individuellen Entwurf beauftragen. Denkbar wäre auch, gekauften Stücken nachträglich eine

Manche Sitzgelegenheiten haben einen besonderen Charme. Eine Schaukel in einem Baum lässt an Kindheit und Sommerferien denken, eine Bank unter einem Rosenbogen an romantische Zwiegespräche. Und ein Sessel, der hinter üppigen Pflanzen versteckt steht, lädt dazu ein, sich den ganzen Nachmittag in einem Buch zu verlieren.

Lose Polster machen fest eingebaute Gartenmöbel bequemer. In warmen Regionen können sie im Sommer meist draußen bleiben, aber bei kaltem und feuchtem Wetter sind sie schnell ins Haus getragen.

Oben links: Die Bezüge der Polster in sanftem Grün und Mauve harmonieren gut mit der Hauswand. Die Bank eignet sich für eine Person als Liege oder für drei als Sofa.

Oben Mitte: Der Metallsessel mit der Seilbespannung stammt von Plain Air und gehört zu einer Serie, die Judy Kameon in Anlehnung an Designklassiker aus den 50er-Jahren entworfen hat.

Oben rechts: Die jadegrünen Polster machen das Metallsofa sehr bequem und korrespondieren mit der Farbe einiger Pflanzen. Wenn der Garten einmal anders aussehen soll, lassen sich die Bezüge leicht ersetzen. Ein Stück eines dicken Baumstamms dient als praktischer Beistelltisch.

Auf eine moderne Terrasse oder Holzdeck passen schlichte, moderne Modell am besten, vor allem, wenn Sie auch in der Wohnung diesen Stil gewählt haben. Sehen Sie sich nach Designklassikern aus dem 20. oder 21. Jahrhundert um.

persönliche Note zu geben, etwa indem man Initialen oder eine Gedichtzeile einschnitzt. So ein individuelles Stück wäre übrigens auch ein großartiges Geburtstags- oder Hochzeitsgeschenk.

Viele Menschen schätzen die romantische Ausstrahlung antiker Gartenmöbel, die verblüffenderweise auch gut zu modernen Möbeln passen. Wer gebrauchte Möbel kauft, kann selbst entscheiden, ob er sie unbehandelt lassen, kunterbunt streichen oder originalgetreu restaurieren möchte. Halten Sie die Augen offen nach alten Truhenbänken, verschnörkelten Gusseisenstühlen oder runden Metalltischen mit geschwungenen Beinen. Manchen alten Stücken steht auch ein Anstrich in einer unkonventionellen Farbe oder ein Bezug aus einem modernen Stoff. Der Gartendesigner Anthony Noel gibt seinem Minigarten in London jedes

Traditionelle Möbel müssen nicht langweilig sein. Stühle und Bänke kann man leicht mit frischen Farben aufpeppen – oder unbehandelt lassen, sodass sich eine natürliche Patina bildet.

Oben links: Eine Metallbank im georgianischen Stil ist eine passende Wahl für einen ummauerten Stadtgarten. Junge Linden und Lavendelsträucher rahmen sie ein.

Oben: Die bequemen Holzsessel und der Tisch sind im gleichen sanften Grün gestrichen. Eine Schale mit blühenden Blumen schafft eine freundliche, einladende Atmosphäre.

Rechts: Die sauber beschnittene Baumkrone erhebt sich wie ein Sonnenschirm über den beiden Klappstühlen in leuchtendem Blau.

Oben links: In einem wilden, verwunschenen Naturgarten ist abblätternde Farbe manchmal genau richtig.

Oben: Die verschnörkelte Metallbank sieht mit ihrem hellblauen Anstrich erfrischend modern aus. Der Tisch war in einem früheren Leben ein Nähmaschinengestell.

Links: Bläuliches Violett verträgt sich gut mit vielen Laubfarben. Diese antike Bank wurde lackiert, damit sich ihr schönes Muster vor dem Hintergrund aus immergrünen Pflanzen gut abhebt. Eine so edle Bank eignet sich gut als Blickfang am Ende eines Wegs oder zwischen akkurat gestutzten Formschnittfiguren.

Jahr ein neues Gesicht, indem er sämtliche Möbel – Fundstücke von Trödlern und Flohmärkten – frisch streicht: mal türkis und malachitgrün, mal schrill pink mit schwarzen Zickzackmustern. Die Farben sind auf Blüten, Blätter oder andere Elemente des Gartens abgestimmt.

Originell sind natürlich auch selbst gebaute Gartenmöbel. Wer mit der Säge umgehen kann (oder einen geschickten Heimwerker kennt), findet in Büchern viele Bauanleitungen für Bänke, Rankbögen oder runde Baumbänke. Oft sind aber gerade die simplen Ideen besonders überzeugend. Stücke dicker Baumstämme geben gute Hocker ab, ein altes Tablett auf einem kopfüber gestellten Blumentopf genügt als Beistelltischchen. Mein eigener Gartentisch besteht aus Brettern einer ehemaligen Palette, die ich weiß gestrichen habe.

Auch die Platzierung von Möbeln spielt für ihre Wirkung eine Rolle. Zwei Stühle könnten einen Durchgang flankieren, eine schöne Bank könnte als Blickfang am Ende eines Weges dienen. Ein Sessel in einer abgelegenen Gartenecke – vor allem, wenn sich von dort eine schöne Aussicht bietet – ist eine Einladung zu einem Spaziergang. Am optimalen Platz und im richtigen Licht kann ein attraktiver Stuhl oder eine schöne Bank wie eine Skulptur wirken. Manche Sitzgelegenheiten haben einen besonderen Charme. Eine Schaukel in einem Baum lässt an Kindheit und Sommerferien denken, eine Bank unter einem Rosenbogen an romantische Zwiegespräche. Und ein Sessel, der hinter üppigen Pflanzen versteckt steht, lädt dazu ein, sich den ganzen Nachmittag in einem Buch zu verlieren.

Großes Foto: Die schlichte Holzbank im Fovant Hut Garden im englischen Wiltshire ist eine gelungene Fusion aus Skulptur und Möbel. Der Entwurf der Bildhauerin Mary Rawlinson aus englischer Eiche ist – abgesehen von den beiden Initialen auf den Lehnen – völlig schmucklos. Das richtige Stück am richtigen Platz kann einen Garten aufwerten und ihm eine besondere Bedeutung geben. So eine Bank wäre auch ein sehr persönliches Hochzeits- oder Geburtstagsgeschenk.

Ganz oben links: Möbel aus unbehandeltem Holz wirken besonders natürlich.

Ganz oben rechts: Schöne Grüntöne passen sehr gut in den Garten. Dieses Jadegrün fügt sich perfekt in die Bepflanzung ein.

Ganz oben Mitte und oben: Im Garten der Floristin Sarah Raven herrschen Grüntöne vor, bunte Blüten sieht man nur selten. Dafür leuchten zwischen dem Laub ein traditioneller Sessel in Scharlachrot und eine bequeme Truhenbank in knalligem Pink.

Beleuchtung

Ob Mini-Lichterketten, Kerzen oder elektrische Strahler, die dramatische Schatten werfen: Mit einer einfallsreichen Beleuchtung wird der Garten bei Nacht zu einem Reich der Magie.

Es ist weder kompliziert noch aufwändig, zum Abendessen im kleinen Kreis oder zum großen Sommerfest den Garten am Abend in stimmungsvolles Licht zu tauchen.

Oben und oben rechts: Mit weißen Lichterketten gelingen lässige Lichtspiele ganz leicht. Die bodenlosen Flaschen mit den einfachen Teelichtern, die auf einer Drahtspirale stehen, passen mit ihrem originellen Recycling-Charme gut in einen kleinen Stadtgarten.

Rechts und ganz rechts: Im Garten von Laura Cooper und Nick Taggart glitzern mit Einbruch der Dämmerung Mini-Lichterketten zwischen Wein und Kletterrosen. Dazwischen hängen Glastropfen, die das Licht reflektieren.

Eine Beleuchtung ist sinnvoll, um den Garten in den Abendstunden länger nutzen zu können. Daneben dient sie aber auch der Sicherheit. Das Licht muss zum Essen und Unterhalten ausreichen, aber es hilft auch, Stufen, Teichränder und andere Gefahren zu sehen. Natürlich kann eine schöne Aussenbeleuchtung auch Atmosphäre schaffen. Viel zu oft sieht man allerdings nur eine einzige, rein funktionale Leuchte an der Hausrückwand, die einen unattraktiven Lichtfleck malt. Am besten vergessen Sie diese Art von Beleuchtung oder setzen sie ausschließlich bei Bedarf zu Sicherheitszwecken ein.

Zuerst muss entschieden werden, ob elektrisches Licht gewünscht ist oder ob Kerzen und ähnliche Lichtquellen genügen. Mit Kerzen lässt sich ein Garten unkompliziert, preiswert und sehr stimmungsvoll beleuchten. Windlichter aus Glas oder gelochtem Metall schützen die Kerzenflamme

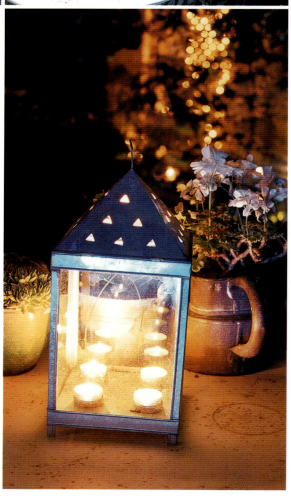

vor Wind. Auch Gartenlaternen werden in großer Auswahl angeboten. Selbst simple Teelichter in Marmeladengläsern, die überall im Garten verteilt sind, können schön aussehen – und auf den Tisch stellen Sie die Kerzen in marokkanische Teegläser oder andere hübsche Gefäße. Ich bringe von Reisen in alle Welt Blechlaternen mit, die ich in den Bäumen aufhänge oder auf Gartenmauern aufreihe. Bei einer Party sind Gartenfackeln ein schöner Willkommensgruß. Nach italienischem Vorbild könnten Kerzen in Gläsern auch am Weg zum Eingang oder auf der Treppe Spalier stehen.

Wer sich für eine elektrische Beleuchtung entscheidet, sollte sie in einem großen Garten fachmännisch verlegen lassen. Das ist zwar nicht billig, ist aber eine langlebige und sichere Lösung, die sich komfortabel per Schalterdruck bedienen lässt. Für eine aufwändigere Beleuchtung ist normalerweise Netzstrom (220 Volt) erforderlich. In diesem Fall müssen spezielle Außenkabel mindestens 50 cm tief im

Großes Foto und oben links: Weiße Lichterketten und Kristallblüten hängen in diesem Garten in den Hügeln oberhalb von Los Angeles zwischen Kletterpflanzen und zaubern bei Sonnenuntergang hinreißende Lichteffekte. Tisch und Sessel laden ein, sich zu einem Drink mit Freunden niederzulassen und die Lichter der Stadt in der Ferne zu betrachten.

Oben Mitte und rechts: Den winzigen Londoner Gartenhof der Autorin verwandeln Blechlaternen auf den Tischen und in den Bäumen am Abend in einen intimen Essbereich. In der Tür hängt ein weißes Lichternetz, weitere Mini-Lichterketten glitzern zwischen den Blättern und werden von dem großen Spiegel an der hinteren Mauer reflektiert

Ein Strahler in einem hohen Baum kann wie der Vollmond durch das Geäst scheinen und filigrane Schatten auf dem Boden malen. Am Boden versteckte Strahler zeichnen die Silhouetten von Pflanzen oder anderen Elementen nach und werfen dramatische Schatten.

Sally Storey hat diesen relativ nüchternen Kiesgarten in London entworfen, der am Abend durch seine Beleuchtung fasziniert. Zum Anstrahlen der verschiedenen Elemente wurde ein elektrischer Stromkreis professionell verlegt.

Links und oben: Findlinge im japanischen Stil werden von Strahlern auf Bodenniveau angeleuchtet und werfen faszinierende Schatten auf den hellen Kies.

Oben Mitte: Aufwärts gerichtete Strahler in den Ecken eines Kübels heben den sauber beschnittenen Buchsbaum vor der Ziegelmauer hervor.

Oben rechts: Versteckte Leuchten tauchen den Steinbrunnen in goldenes Licht. Am Boden sind in der Nähe der Kletterpflanzen Strahler installiert, die interessante Schatten auf die Gartenmauer werfen und Lichtflecken zwischen den Blättern entstehen lassen. Die Anlage ist so konzipiert, dass man die Lichteffekte separat schalten und je nach Jahreszeit variieren kann.

Boden vergraben und mit Außensteckdosen und -schaltern ausgestattet werden. Sinnvoll sind Schalter innerhalb des Hauses, mit denen sich die verschiedenen Stromkreise im Garten bedienen lassen. In großen Gärten kann auch eine Fernbedienung praktisch sein. Elektrische Anlagen dieser Art müssen immer von einem qualifizierten Fachmann verlegt werden. Für kleinere Gärten sind Niedervolt-Systeme praktisch, bei denen die Spannung mithilfe eines Transformators reduziert wird. Niedervolt-Lampen mit Erdspieß kann man dort in den Boden stecken, wo man sie gerade braucht. Solche Systeme werden nur an die Steckdose angeschlossen. Wichtig ist aber, die Kabel so zu verlegen, dass man weder über sie stolpern noch sie mit Spaten oder anderen Gartenwerkzeugen beschädigen kann.

Natürlich können auch mehrere Lichtquellen kombiniert werden. Strahler können Bäume oder Skulpturen von oben anleuchten oder eine weiche Lichtinsel um den Esstisch erzeugen. Ein Strahler in einem hohen Baum kann wie der Vollmond durch das Geäst scheinen und filigrane Schatten auf dem Boden malen. Am Boden versteckte Strahler zeichnen die Silhouetten von Pflanzen oder anderen Elementen nach und werfen dramatische Schatten. Am Rand eines Holzdecks oder in den Fronten von Stufen wären auch versenkte Strahler mit einer Abdeckung aus trittsicherem Glas denkbar. Mini-Lichterketten kann man um die Pfosten einer Pergola winden, sie sehen aber auch bezaubernd aus, wenn ihre Lämpchen zwischen den Blättern eines Baums funkeln. Am schönsten wirken sie mit weißen Glühbirnen. In meinem Garten habe ich Stränge aus Lichterketten von der Rückwand des Hauses bis zur hinteren Gartenmauer gespannt, die wie glitzernde „Deckenbalken" aussehen. Bis die duftenden und blühenden Kletterpflanzen die Kabel umschlungen hatten, sah der Garten allerdings ein bisschen aus wie eine griechische Taverne.

Im Vorgarten bieten sich elektrische Lampen auf niedrigen Sockeln für die Beleuchtung der Einfahrt oder des Weges an, während nahe der Haustür eine Wandlampe praktisch ist. Für solche Zwecke gibt es auch Solarlampen, die sich tagsüber aufladen und abends automatisch einschalten. Gartenlampen müssen natürlich wasserfest sein – doch wer im Baumarkt nichts Passendes findet, kann sich auch im Badstudio oder beim Schiffsausrüster nach ungewöhnlichen Modellen umsehen. Für supermoderne Effekte empfehlen sich Faseroptik-Lampen, bei denen Licht durch Glasfaserstränge geleitet wird und winzige Punkte erzeugt. Sie könnten sogar stehende oder bewegte Bilder auf die Wände projizieren. Selbst Neonlicht kann interessant aussehen: Eine einzelne Röhre in gewagtem Blau oder Grün kann auf der Terrasse ein surreales Ambiente schaffen, während ein Wort oder ein einfaches Motiv aus Röhren an der Wand wie eine moderne Skulptur wirkt.

Wasserspiele sehen besonders gut aus, wenn sie abends beleuchtet sind. Am besten installiert man die Beleuchtung schon bei der Anlage eines Teichs oder Brunnens. Ein weiches Licht vom Grund eines Teichs oder Bachlaufs kann den ganzen Garten mit einem magischen Schimmer überziehen und sogar die Schatten schwimmender Fische auf die Wände werfen. Auf dem ruhigen Wasser eines kleinen Teichs sieht auch eine Armada von Schwimmkerzen bezaubernd aus, die – wenn sie Zitronellaöl enthalten – auch noch Mücken vertreiben.

Sanftes, flackerndes Kerzenlicht ist wohl die dekorativste und schmeichelhafteste Gartenbeleuchtung. Denken Sie aber daran, dass Laternen aus Glas oder Metall selbst mit einem Teelicht gefährlich

Designer Stephen Woodhams hat für die moderne Dachterrasse mit Wintergarten kompromisslos moderne Materialien eingesetzt: Glas, verzinkte Metallgitter im Industriestil und Wellblech. Ein raffiniertes, integriertes Beleuchtungssystem, dessen Licht von großen Spiegeln an den Wintergartenseiten reflektiert wird, bringt die Metallflächen zum Glänzen. Die verschiedenen Lichteffekte, darunter blaue Neonröhren unter den Bodengittern und moderne Halogenstrahler an Stahldrähten, werden mit Dimmern geschaltet. Der Wintergarten kommt ohne Vorhänge und Jalousien aus, weil seine Wände auf Schalterdruck undurchsichtig werden. Moderner und urbaner kann ein Garten nicht sein. Zu einer solchen Anlage passen nur Pflanzen mit ausdrucksstarker Gestalt, etwa Bambus, Keulenlilien und Lorbeerhochstämme. Sie stehen in schlichten, verzinkten Kübeln, das Substrat ist mit Kieseln abgedeckt, die denen im Brunnen (Seite 120) ähneln.

Sogar Neonlicht kann interessant aussehen: Eine einzelne Röhre in gewagtem Blau oder Grün schafft auf der Terrasse ein modernes, surreales Ambiente.

heiß werden können. Offene Flammen dürfen nie unbeaufsichtigt bleiben. Allen, die eine Schwäche für spektakuläre Party-Effekte haben, sei die folgende Anekdote einer englischen Grande Dame, die in Tanger lebte, eine Lehre. Ihre Sommerfeste sorgten immer für Gesprächsstoff. Einmal wollte sie ihre Gäste überraschen, indem sie bei Einbruch der Dämmerung hunderte von Schildkröten freiließ, auf deren Rücken brennende Kerzen befestigt waren. Sie hatte gedacht, dass die Tiere zwischen den Gästen umherlaufen und die Wege malerisch erhellen würden. Doch die Schildkröten hatten andere Pläne. Sie suchten eilig im hohen Gras Unterschlupf, das von der Mittelmeersonne ausgetrocknet war. Im Nu stand der Garten in Flammen und die Gäste mussten sich und ihre Juwelen eilends in Sicherheit bringen.

Moderne und exotische Lichtobjekte lassen sich effektvoll miteinander kombinieren, um Atmosphäre zu schaffen und die Pflanzen in Szene zu setzen.

Oben: Eine alte Blechlaterne mit Buntglasscheiben aus einem marokkanischen Souk sieht sogar bei Tag dekorativ aus, wenn keine Kerze im Inneren brennt.

Oben: Licht und Wasser vereinen sich in dieser kleinen Schale mit Mini-Springbrunnen zu einem erfrischenden Schauspiel.

Eine gelungene Beleuchtung lenkt den Blick auf die Pflanzen und malt faszinierende Schatten.

Rechts: Eine Supermini-Lichterkette, die Gratis einer Zeitschrift beilag, rankt sich lässig um Veilchen in einer verzinkten Schale.

Unten: Kleine Laternen erheben sich auf ihren Stangen in einer schattigen Ecke des Londoner Gartens über einer Gruppe aus panaschierten Farnen, Taubnessel und Efeu. Bei Bedarf können sie jederzeit in ein anderes Beet oder in Kübel und Töpfe gesteckt werden. Satiniertes Glas gibt ein sanfteres Licht als klares.

Kunst und Skulpturen

Wer bei Gartenskulpturen Betonputten assoziiert, denkt nicht weit genug. Viel interessanter sind abstrakte Stücke aus Naturmaterialien, individuelle Auftragsarbeiten oder selbst kreierte Landschaftskunst aus Fundstücken vom Strand.

Gekonnt präsentierte Kunstwerke oder Skulpturen machen aus einem hübschen Garten einen fantastischen. Größere Stücke aus Stein, geschnitztem Holz oder Bronze können im positiven Sinn von einem Gartenbereich Besitz ergreifen. Aber selbst eine düstere Gartenecke gewinnt durch einen großen Stein mit einem eingeritzten Wort oder einer Gedichtzeile an Bedeutung.

Man kann es allerdings auch übertreiben. Zu viele größere Stücke lassen den Garten wie einen Skulpturenpark oder eine Freiluftgalerie wirken, viele kleine sehen wirr oder unordentlich aus. Je größer die Konkurrenz, desto geringer die Wirkung. Vor allem größere Skulpturen sollten so platziert werden, dass man immer nur eine mit einem Blick erfassen kann.

Der Reiz von Kunstwerken liegt darin, dass sie zur Bewegung durch den Garten animieren. Sind sie geschickt platziert, wird der Gang durch den Garten zu einer Entdeckungsreise. Eine unscheinbare Baumgruppe verwandelt sich in einen magischen Hain, wenn sie über eine Steinfigur oder einen abstrakten Obelisken wacht. Eine Skulptur am Ende eines Weges oder halb versteckt zwischen Blättern lädt zum Nähertreten ein. Wer Anregungen sucht,

Diese von Isabelle Greene gestaltete Dachterrasse ist ein Lehrbeispiel für gekonnte Platzierung. Die uralten Gefäße werden auf schlichten Holzplattformen präsentiert und erhalten so den Stellenwert von Skulpturen. Sie gehören zur Keramiksammlung des Hausbesitzers. An einem anderen Platz müssten sie sich gegen andere Gartenobjekte, Pflanzen oder Möbel behaupten – hier vor der weißen Mauer kommen sie perfekt zur Geltung. Die niedrigen Plattformen, die weiße Betonmauer und die schlicht geformten Gefäße mit ihrer interessanten Struktur und die leuchtenden Blüten der asymmetrisch platzierten Bougainvillea lassen an japanische Gärten denken.

sollte einmal einen berühmten Skulpturengarten besuchen, etwa Grizedale Forest im englischen Lake District oder den Garten des verstorbenen Sir Frederick Gibberd in Harlow in der Grafschaft Essex. ‚Little Sparta', der Garten des Künstlers Ian Hamilton, verblüfft mit klassischen Bezügen und geistreichen Inschriften. Interessant sind auch die Arbeiten der Bildhauer Isamu Noguchi und Barbara Hepworth, der Landschaftskünstler Andy Goldsworthy und Richard Long und der amerikanischen Landschaftsarchitektin Martha Schwartz. Wer ein Kunstwerk kaufen will, sollte bereit sein, etwas zu investieren. Und wenn die Arbeiten renommierter Künstler jenseits des Budgets liegen, lohnt sich ein Besuch in einer örtlichen Galerie oder der Ausstellung einer Kunstschule.

Stein bietet sich für Gartenskulpturen an. Er muss nicht einmal behauen sein, um effektvolle Präsenz zu besitzen.

Ganz links oben: Ein großer Findling mit einer schönen, natürlichen Zeichnung passt perfekt in diesen Kiesgarten im japanischen Stil. In traditionellen japanischen Gärten stehen Findlinge als Symbol für Berge.

Ganz links unten: Die imposante Schieferurne hat der Bildhauer Joe Smith mit einer Technik gebaut, die man auch zum Errichten von Trockenmauern einsetzt.

Oben links: Säulen aus großen, aufgetürmten Steinen schmücken hier ein Wasserspiel. Sie bilden eine überzeugende Ergänzung zu der Schiefer-Trockenmauer, die sich durch den Garten windet.

Oben rechts: Sukkulenten, deren Blätter zu geometrischen Rosetten angeordnet sind, wirken wie lebende Mini-Skulpturen. Diese Kombination mit dem flachen, geritzten Stein und dem feinen Kies ist besonders gelungen.

Noch mehr Spaß macht es, ein Kunstwerk speziell für eine bestimmte Gartenecke in Auftrag zu geben, weil dabei Besitzer, Künstler und Standort Impulse geben. Entscheiden Sie sich für einen Künstler, der ein Gespür für den Standort hat und passende Materialien verwendet. Manche Skulpturen sehen in ihrer Umgebung fremd aus, als seien Sie zufällig vom Himmel in den Garten gefallen. Manchmal finden sich die optimalen Materialien sogar vor Ort, etwa in Form von altem Holz oder gebrauchten Steinen. Der Designer Ivan Hicks beispielsweise hat einen Garten in Dorset

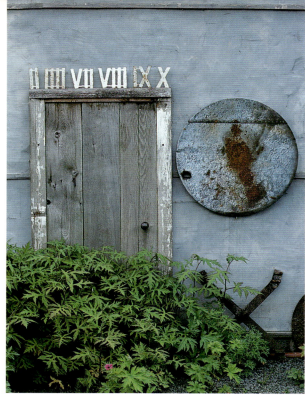

ausschließlich mit großen Steinen und verrostetem Metall gestaltet, das er auf dem Grundstück gefunden hatte. Er baute eine Spirale aus weißem Flintstein in einem Kreis aus Moos, einen „verzauberten Wald" aus alten Sprungfederrahmen und Quadraten aus Spiegelglas, die er in die Bäume hängte. Wenn im eigenen Garten oder in der Nachbarschaft bei Sturm ein Baum umfällt, könnte der Stamm als Skulptur eine neue Existenz erhalten. Vielleicht gibt es auch andere Materialien mit Bezug zur Umgebung – sei sie ländlich oder städtisch – die sich als Dekoration eignen.

Oben: Alte Fundstücke können für geradezu surreale Installationen verwendet werden. Das Foto zeigt die Rückwand des „Sulking House" in Bryan's Ground im englischen Herefordshire.

Oben rechts: Was der Eine auf den Müll wirft, verwandelt der Andere in Kunst. In diesem Garten sprießen an einem abgestorbenen Baum blaue Glasflaschen – eine witzige Idee, die keinen Cent kostet. Als interessante Wegeinfassung könnte man Glasflaschen kopfüber in die Erde stecken.

Auch für die Kunst der Illusion bieten Gärten viele Möglichkeiten.

Gegenüber links: Die prächtigen Bauten im Garten des verstorbenen Set-Designers Tony Duquette in Beverly Hills erweisen sich bei genauem Hinsehen als Konstruktionen aus Plastik- und Metallresten.

Gegenüber rechts: Spiegel spielen mit der Raumwahrnehmung. Dieser Spitzbogen mit dem hübschen Mosaik aus Muscheln und Steinen sieht aus wie der Durchgang zu einem anderen Gartenbereich. Wichtig ist aber, dass der Spiegel schräg zur Blickrichtung angebracht ist. Sobald der Betrachter sich selbst darin erblickt, ist die Illusion dahin.

Sind Kunstobjekte geschickt platziert, wird der Gang durch den Garten zu einer Entdeckungsreise. Eine unscheinbare Baumgruppe verwandelt sich in einen magischen Hain, wenn sie über eine Steinfigur oder einen abstrakten Obelisken wacht. Eine Skulptur am Ende eines Weges oder hinter Blattwerk lädt zum Nähertreten ein.

Oben: Ein indischer Gipsbuddha mit zierlichen Halsketten sitzt unter einem großen Bambus und verbreitet in einem Garten beschauliche Ruhe.

Eines der besten Beispiele für die kreative Wiederverwertung lokaler Materialien ist der Garten, den der verstorbene Filmregisseur Derek Jarman im englischen Küstenort Dungeness angelegt hat. Alte Wellenbrecher vom Strand, verblichenes Treibholz, Steine und verrostete Metallteile wurden zu modernen Menhiren, wild verschnörkelten Skulpturen und mystischen Steinkreisen im Kieselsand. Die Idee ist vielfach kopiert worden, wirkt aber nur überzeugend, wenn die verwendeten Objekte einen erkennbaren Bezug zum Besitzer oder zur Umgebung haben. Wer am Rand eines Schieferbruchs oder in einer Großstadt lebt, wird vermutlich einen völlig anderen Garten mit ganz anderen Objekten gestalten.

Manche Fundstücke sind auch ohne „künstlerisches Eingreifen" faszinierend. Alte Stuckfragmente, ungewöhnlich geformte Baumstümpfe und sogar interessant geformte, verrostete Maschinenteile können wie Skulpturen wirken, wenn sich ein Platz findet, an dem sie stimmig wirken. Natürlich können Sie – ganz ohne Ausbildung – auch selbst zum Kunstschaffenden werden, etwa indem Sie eine einfache Säule aus Natursteinen aufsetzen. Solche Objekte sollten ganz einfach sein. Ihre Wirkung beruht auf den interessanten Formen und Materialien, Licht und Schatten erledigen den Rest. Auch die Wiederholung gleicher Formen kann ein künstlerisches Mittel sein, etwa fünf leere Schalen vor einer Mauer, oder eine Reihe glänzend verzinkter Pflanzenstützen, die ihren Schatten auf den Rasen werfen. Selbst leere, blaue Glasflaschen, kopfüber auf Drähte oder Stangen gesteckt, sehen originell aus. Solche kostenlose

Unten: In Andy Caos Garten in Los Angeles muss sich die Kunst gegen bizarre Materialien und eine grafische Bepflanzung behaupten. Ein Terrakottagefäß auf einem Metallständer steht mitten in einem „Reisfeld" aus Grasbüscheln und blauen Glaschips. Auch auf der niedrigen Einfassungsmauer glitzern Glasfragmente. Den Vordergrund füllen Glasmurmeln aus.

Oben links und oben: Tony Duquettes Garten in Los Angeles erhält vor allem durch die vielen exotischen Statuen seine zeitlose Atmosphäre.

Rechts: Attraktive Glasflaschen können zu Skulpturen werden, wenn man sie auf Holzstäbe oder wellig gebogene Drähte steckt. Diese Art des Recycling macht obendrein viel mehr Spaß als die Fahrt zum Glascontainer.

Recyclingkunst lädt zum kreativen Experimentieren ein. Ideen, die misslungen sind oder sich überholt haben, kann man einfach verwerfen.

Kleine Dekorationen sind schnell gestaltet und eignen sich auch gut als Geschenk. Wie wäre es mit einem Leuchter, an dem schöne Kiesel, glattgewaschenes Strandglas und Kristalle an Angelsehne aufgehängt sind? Oder mit einem Windspiel aus Treibholzstücken, alten Glasperlen und rostigen Metalllöffeln? Sie könnten auch eine alte Rankhilfe, ein Stück Holz oder Stein als Objektkunst zur Dekoration eines ausgesuchten Platzes zweckentfremden.

Solche Stücke müssen nicht rein dekorativ sein. Wenn Ihr Garten klein ist oder Sie schon einige figürliche oder abstrakte Dekorationen besitzen, könnten Sie auch über

Skulpturen muss man nicht in einer Galerie kaufen oder beim Künstler in Auftrag geben. Entdecken Sie Ihr künstlerisches Talent und verwandeln Sie Fundstücke in charmante Hingucker.

Rechts: Für dieses Windspiel hat Jan Howard alte Löffel flach gehämmert und an Drähten aufgehängt.

Mitte: Gartendesigner Ivan Hicks ist ein Recycling-Magier. Seinen Garten in Dorset hat er ausschließlich mit Materialien dekoriert, die er auf dem Grundstück gefunden hat. Das einfache Windspiel sieht in Gesellschaft der Flaschen (oben), die in der Erde vergraben lagen, gleich viel interessanter aus. Eine Spirale aus rostigem Metall (unten) tanzt auf dem Rasen.

Ganz rechts: Ein Sammelsurium angerosteter Eisenwaren schaut dekorativ zwischen den Pflanzen hervor. Einzeln sähen die Teile unattraktiv aus, doch die ungewöhnliche, hängende Präsentation gibt ihnen den Status einer Installation.

Kunst und Skulpturen **Details** 85

Funktionskunst nachdenken. Sie könnten von einem Bildhauer eine einzigartige Bank oder einen Tisch gestalten lassen, Sie könnten einen Text in eine Schieferplatte gravieren lassen und diese als Tisch verwenden. Selbst traditionelle Lauben und andere Gartengebäude lassen sich künstlerisch interpretieren. Ben Wilsons Hängebrücken und Stege, die direkt durch die Baumkronen führen, sind Landschaftskunst in Reinkultur. Warum soll man in einer langweiligen Laube sitzen, wenn man sich auch zu den Vögeln in den Baumkronen gesellen kann, umgeben von mystischen Schnitzereien und Windspielen. Richard Cravens Baumhäuser – komplett mit Flaschenzug zur Versorgung mit Snacks und einer Flasche Wein – sehen aus wie Baumskulpturen. Natürlich kann man auch kleinere Objekte wie Sonnenuhren oder Vogeltränken in Auftrag geben.

Plastische Kunst verträgt sich besonders gut mit Wasserspielen. Ein Meister auf diesem Gebiet ist William Pye, der reflektierende Oberflächen einsetzt, um die natürlichen Eigenschaften fließenden und stehenden Wassers zu betonen. Angela Conner gestaltet Skulpturen, die durch Wasserkraft in Bewegung gesetzt werden. Allein die Nähe zum Wasser wertet die meisten Skulpturen auf – denken Sie nur an Ben Nicholsons weißes Marmor-Relief, das sich im Seerosenteich von Sutton Park in Surrey spiegelt. Oder an Charles Jencks berühmten

Das richtige Objekt kann eine vergessene Gartenecke in eine Sensation verwandeln. Ein architektonisches Detail oder ein skurriler Baumstamm eignen sich ebenso gut wie eine Skulptur im engeren Sinne. Bei geschicktem Einsatz können selbst unscheinbare Stücke sehr effektvoll wirken.

Gegenüber links: Eine uralte Säule mit pelzigem Moosbewuchs unterstreicht die romantisch-verwunschene Stimmung in Marc Schoellens Garten in Luxemburg.

„Garden of Cosmology" in Schottland, der mit seinen Erdwällen, halbmondförmigen Seen und spiralförmigen Erhebungen ein echtes Gesamtkunstwerk ist. Selbst in winzigen Stadtgärten experimentieren Designer und Künstler mit blauen Neonlicht-Effekten oder projizieren Bilder auf Mauern, um neue, interessante Gestaltungsformen zu finden.

Den Beitrag der Natur darf man nicht unterschätzen. Beim Anblick eines Schneckenhauses oder einer perfekten Blüte frage ich mich manchmal, warum die Menschen sich damit messen wollen. Geben Sie in Ihrem Garten der Natur Raum, denn auch ihre Kunst will bewundert und gewürdigt werden. Lassen Sie sich von James Turrell inspirieren, der in Landschaftsgärten moderne Pavillons ohne Dach installiert hat, aus denen man das Wechselspiel der Wolken am Himmel beobachten kann. Oder lassen Sie eine Böschung oder ein Stück Wiese ganz ohne menschliches Eingreifen von den Jahreszeiten gestalten.

Gegenüber, oben rechts: In Peter Farrells Garten in East Anglia liegt diese gigantische Samenkapsel, die aus einem umgestürzten Baumstamm gehauen wurde. Inzwischen haben sich auf dem Holz junge Pflanzen angesiedelt.

Oben: Ebenfalls in Peter Farrells Garten finden sich inmitten der Pflanzen Architekturfragmente wie dieses ionische Kapitell (links) oder die Steinkugel (rechts), die wie eine uralte Kanonenkugel aussieht.

Gegenüber unten: Geniale Improvisation zeigt diese Installation der Designerin Christina Oates im Garten von Fovant Hut in Wiltshire. Die Spiralstäbe mit der grafischen Optik, die sie vor dunklen Leyland-Zypressen aufgereiht hat, sind eigentlich Stützen für Tomatenpflanzen. Solche Arrangements sehen generell besser aus, wenn sie aus einer ungeraden Zahl von Einzelelementen bestehen.

Kübel

Kübel und Töpfe eignen sich für dauerhaften Gartenschmuck und zur schnellen Dekoration. Mit einigen schönen Pflanzen in sorgfältig gewählten Gefäßen lässt sich binnen weniger Stunden auch der langweiligste Garten aufpeppen. Kleinere Schätze stellt man besser auf Augenhöhe oder in Gruppen an Türen und Fenstern auf, wo man sich ganzjährig an ihnen freuen kann.

Oben und gegenüber: Mehrere Pflanzenarten gleichen Typs kann man gut in einem Gefäß kombinieren, weil sie ähnliche Wachstumsbedingungen fordern. Sukkulenten, die ein trockenes, sehr durchlässiges Substrat benötigen, gedeihen gut in flachen Schalen mit einer Mulchschicht aus Kies oder Splitt. Auf dieser Terrasse in Kalifornien können sie ganzjährig draußen bleiben. In kühleren Regionen müssen empfindlichere Arten im Haus überwintert werden.

Mit einer Pflanze in einem hübschen Kübel fühlt sich ein neuer Garten sofort heimelig an. Als unser Garten frisch angelegt war, habe ich die weißen Mauern mit Kübelpflanzen aufgelockert, bis die Kletterpflanzen herangewachsen waren. Dabei habe ich mich von den Gartenhöfen der spanischen Stadt Córdoba inspirieren lassen und Zinkeimer mit roten und pinkfarbenen Pelargonien an die Rankgitter gebunden. Inzwischen sind die Kletterpflanzen größer, doch die Eimer sind noch immer da – nun mit weißen Pelargonien. Wer einen Garten neu anlegt, kann die Pflanzen zunächst in Kübel pflanzen, um die optimale Anordnung zu finden. Kübel kann man immer wieder neu arrangieren, um Kombinationen und Positionen zu verändern. Und sind die Pflanzen dann ins Beet umgezogen, können die Kübel mit Zwiebelblühern oder bunten, einjährigen Sommerblumen bepflanzt werden.

Mitte: In diesem Vorgarten kommen alte Zinkeimer und -wannen zu neuen Ehren. Der matte Silberton des Metalls harmoniert gut mit graublättrigen Pflanzen wie Lavendel.

Kübel in grafischen Formen, klaren Farben und modernen Materialien passen am besten zu markanten Blattgewächsen.

Diese Seite: Hohe Terrakottakübel mit kobaltblauer Glasur sind ein idealer Hintergrund für die geometrischen Formen und das bläuliche Laub der Sukkulenten. Die rosastichigen Blätter korrespondieren mit der Mauer im Hintergrund.

Mitte oben und unten: Kleine Kübel sehen paarweise oder in Gruppen vorteilhafter aus. Glänzendes oder mattes Metall harmoniert besonders gut mit silberblättrigen Pflanzenarten.

Ganz rechts oben und unten: Zink ist ein beliebtes Material für moderne Gärten, vor allem, wenn Metall auch anderweitig verwendet wurde. Ein Mulch aus Kieseln und Moos steht den schmalen Blättern der Keulenlilie im Kübel auf dem Metallgitter gut.

In einem Garten mit langlebigen Immergrünen – ob nun in Beeten oder in Containern – können Kübel auch für saisonale Abwechslung sorgen. Diese Lösung bietet sich vor allem für Menschen an, die wenig Zeit für die Gartenpflege haben. Schon wenige Arbeitsstunden im Jahr zahlen sich aus, außerdem kann man die Farbgestaltung jährlich ändern. Im Herbst werden die Zwiebeln für die Frühlingsblüte gesetzt, am besten pro Kübel nur eine Sorte. Die Winteriris trägt ihre blauen Blüten schon früh im Jahr. Hyazinthen und zarte Narzissen machen sich gut in flachen Schalen, und Tulpen sehen in Kübeln irgendwie glücklicher aus als in Reih und Glied im Beet. Zu meinen Lieblingstulpen gehören die schwärzlich-violette ‚Queen of Night', die weißlich-grüne ‚Spring Green' sowie ‚Princess Irene', deren orangefarbene Blüten violett geflammt sind. Es macht Spaß, das Wachstum der Frühlingsblüher zu beobachten: von den ersten grünen Spitzen, die aus dem Boden schauen, über das Entrollen der Blätter bis zur Öffnung der Blüten. Töpfe, die gerade prächtig blühen, bekommen einen Ehrenplatz oder können sogar in einen kühlen Raum im Haus gestellt werden. Nach der Blüte werden die Töpfe weggestellt – und keine hässlich abwelkenden Blätter verschandeln die Beete. Für den Sommer säen oder pflanzen Sie Einjährige wie duftenden Ziertabak oder Kapuzinerkresse in allen Rot-, Orange- und Gelbtönen. Wer Kübel dauerhaft bepflanzen will, könnte interessante Blattgewächse, Ziergräser oder verschiedene Lavendelsorten wählen.

Es macht Spaß, für jede Pflanze den passenden Kübel zu finden. Das Angebot attraktiver Pflanzgefäße war nie so groß wie heute. Es gibt Kübel

in allen Größen, Farben und Materialien, von verzinktem Metall über lackiertes Holz bis zu bunt glasiertem Ton. Hinzu kommen all die witzigen Gefäße, die man ebenfalls bepflanzen kann: alte Zinkeimer, Maurerwannen, angestoßene Teekannen oder leere Olivenöldosen. Fast alle Gefäße können bepflanzt werden, sofern sie nicht zu klein sind: Kleine Töpfe müssen öfter gegossen werden. Wichtig ist auch ein Loch im Boden (bei großen Kübeln mehrere), durch das überschüssiges Gießwasser abfließen kann. Fehlt das Loch, muss es gebohrt werden, sonst faulen die Wurzeln und die Pflanze stirbt. Damit die Erde nicht ausgeschwemmt wird und die Wurzeln nicht im Wasser

Oben: Wie im Haus kann man auch im Garten Topfpflanzen zu Gruppen arrangieren. Kakteen und Sukkulenten haben ungewöhnliche, oft grafische Formen, die bei dieser Reihenanordnung auf dem Glastisch gut zur Geltung kommen.

Oben rechts: In den Mörtel, mit dem der flache Kasten mit Hauswurz-Gewächsen verputzt ist, wurden Fragmente von Glas und Keramik gemischt.

Ganz oben: Mosaik sieht im Garten besonders gut aus, wenn die Farbpalette zurückhaltend ist. Kübel mit Mosaik kann man fertig kaufen, in Auftrag geben oder mit etwas Übung auch selbst gestalten. Dieser hohe Kübel ist mit Stücken von kobaltblauen Fliesen und blau-weißem Geschirr dekoriert. Wenn die Erdbeeren rote Früchte tragen, bilden sie einen schönen Kontrast.

Links: Sempervivum wird auch Dachwurz genannt, weil man es früher auf Dächer pflanzte, um Hexen fernzuhalten. In diesem grün glasierten Keramiktopf sieht es aber auch sehr attraktiv aus. Eine oder zwei kleine Pflanzen vermehren sich schnell und bald quillt der Nachwuchs über den Topfrand.

stehen, wird zuerst eine Schicht Tonscherben in den Topf gefüllt. Darauf kommt das Substrat, das auf die vorgesehene Pflanze abgestimmt sein sollte. Im Kübelgarten kann jede Pflanze das optimale Substrat erhalten, etwa Spezialerde für Zitrusarten oder andere, die keinen Kalk vertragen. Wer Kübel dauerhaft bepflanzt, sollte auch etwas Kompost oder langsam löslichen Dünger wie Blutmehl oder Hornspäne unter das Substrat mischen. Die oberste Erdschicht wird jährlich erneuert. Wenn eine Pflanze für ihren Kübel zu groß wird, muss sie umgetopft werden.

Nach dem Pflanzen können Sie noch eine Mulchschicht aus Kies oder Muscheln auf das Substrat geben. Das sieht gut aus, verhindert Unkrautwuchs, reduziert die Verdunstung von Feuchtigkeit und kann sogar gefräßige Schädlinge wie Schnecken fernhalten. Ich habe für einige meiner Kübel violett gefärbten Kies (aus dem Aquariumsbedarf) verwendet, der auch im Winter gut aussieht, wenn die Pflanzen abgestorben sind. Eine Freundin sammelt leere Muschelschalen für ihre Palmen und Bambuspflanzen.

Es macht Spaß, für jede Pflanze den passenden Kübel zu finden. Das Angebot attraktiver Pflanzgefäße war nie so groß wie heute. Oder improvisieren Sie mit Zinkeimern, alten Teekannen oder leeren Olivenöldosen. Fast alle Gefäße können bepflanzt werden, sofern sie nicht zu klein sind.

Heute ziehen die Menschen öfter um als früher. Manchmal bleiben sie nicht so lange an einem Ort, dass Pflanzen sich im Beet etablieren könnten. Ein Kübelgarten hat den Vorzug, dass man ihn schnell gestalten und problemlos damit umziehen kann. Wer einen kleinen Stadthof hat und von einem großen Garten auf dem Land träumt, kann vorsorglich junge Bäume und Sträucher in große Tonnen pflanzen. Ich habe glänzende, neu gekaufte Zinktonnen und matte Exemplare vom Sperrmüll verwendet, dazu alte Zinkbadewannen und Eimer vom Trödler. Die Bäume können einige Jahre in den Kübeln bleiben. Einigen, darunter dem Feigenbaum, bekommt es sogar gut, wenn ihre Wurzeln nicht zu viel Platz haben. Und wenn der ideale Garten gefunden ist, werden sie einfach in die Erde gepflanzt.

Der zweite Vorteil von Kübeln ist, dass man sie auch im Garten ganz nach Bedarf jederzeit umstellen kann. Auch die Lichtbedürfnisse der Pflanzen können sich im Jahreslauf verändern. Große Kübel mit Bäumen kann man auf ein Rollbrett stellen und im Sommer dahin schieben, wo Schatten gewünscht ist. Nicht nur Bäume, Sträucher und Blumen fühlen sich in Kübeln wohl. Auch Kräuter und

Gruppen von Töpfen mit verschiedenen Sukkulenten sehen fast immer gut aus. Die komplexen geometrischen Formen harmonieren gut miteinander und sie haben ähnliche Standortansprüche. Gut durchlässiges, sandiges Substrat und einen Sonnenplatz – mehr brauchen sie nicht, um zu wachsen und sich zu vermehren. Einige Arten vertragen keinen Frost.

Großes Foto: Echeverien haben attraktive rote oder gelbe Blüten.

Oben rechts: Verschiedene Arten von Crassula, Aloe und Sempervivum in verwitterten Tontöpfen auf einem alten, rostigen Tisch. Besonders reizvoll sehen die Pflanzen im Kontrast zu dem dunklen ‚Schwarzkopf' aus.

Rechts: Die schmalen, fleischigen Blätter sehen über den schlichten Terrakottakübeln und dem weißen Kies als Mulchschicht wie moderne Skulpturen aus. Feng-Shui-Experten meinen, dass solche stacheligen Pflanzen unerwünschte Eindringlinge fernhalten.

Gemüse können in Kübel gepflanzt werden. Ich versorge uns den ganzen Sommer lang mit Salat aus zwei alten Weinpresskübeln aus Frankreich. Hätten Sie lieber einen Teich im Kübel? Kein Problem, eine große Keramikschale reicht für eine einzelne Seerose oder einen Minispringbrunnen aus. Eine sehr ungewöhnliche Verwendung für Kübel habe ich bei Freunden gesehen.

Als wir unser Haus renovierten, fand ich eine große Holzkiste auf Rollen, die früher Bauarbeiter verwendet hatten, aus der ich zuerst ein Pflanzbehältnis für eine kleine Birke bauen wollte. Dann schenkte ich die Kiste

Großes Foto: Eine Sammlung alter Wannen, Eimer, Tonnen und Kannen aus verzinktem Blech in einem Garten in Holland. Während sie darauf warten, bepflanzt und benutzt zu werden, geben sie vor dem grünen Laub ein schönes Stillleben ab.

Oben links: Große Steine, die wie Rieseneier aussehen, liegen auf dem Substrat eines Kübels mit einem kleinen, rund geschnittenen Baum.

Oben Mitte: Kübel müssen nicht bepflanzt werden. Dieses irdene Gefäß am Ende eines formalen Rosengartens ist vor dem Hintergrund der dunklen Hecke und der schottischen Hügel auch leer ein schöner Anblick.

Oben Mitte: Schlanke, hohe Tonkübel sind ideal für Formschnittfiguren. Sie sind so groß, dass die Pflanzen lange darin wachsen können, und die große Substratmenge trocknet nicht so schnell aus.

Oben rechts: Verwitterte Terrakottakübel mit klassischen Reliefmustern sind auf einem schmalen Rasenstreifen in einem Garten in Luxemburg aufgereiht. In England hielt man früher Zitrusbäume in solchen Kübeln und brachte sie zum Überwintern in die Orangerie.

Freunden, die daraus einen mobilen Rasen für ihren Hund machten. Sie leben in einem Mehrfamilienhaus mit einer asphaltierten Gemeinschafts-Dachterrasse, die im Sommer so heiß wird, dass der Hund sich nicht hinlegen kann. Der neue „Kübelrasen" besteht aus einem reichlichen Quadratmeter Rollrasen auf einem dünnen Bett aus Erde. Der Hund liebt ihn, aber die Nachbarn unserer Freunde leihen ihn auch gern als witzige Sitzgelegenheit für Partys und Grillabende auf der Dachterrasse aus – sofern der Hund einverstanden ist.

Terrakottagefäße und andere Behältnisse können auch ohne Pflanzen als attraktive Gartendekoration dienen, wenn man sie gekonnt in Szene setzt.

Großes Foto: An das „Aurikel-Theater", ein Regal für zarte Topfpflänzchen mit einem Dach, das die fein behaarten Blätter und hübsch gezeichneten Blüten vor Regen schützt, erinnert dieses Kuriositätenkabinett. In dem alten Holzregal gesellen sich zu kleinen Pflanzen allerlei skurrile Dinge wie Schafsschädel, Samenstände, glatte Steine und andere Schätze.

Oben links: Die große irdene Urne besitzt genug Präsenz, dass sie auch ohne Pflanzen eine schöne Dekoration für den formalen Gemüsegarten bildet.

Ganz oben: Sammlungen gleichartiger Objekte sind immer interessant. Hier sind alte Gießkannen, die für sich gesehen kaum bemerkenswert sind, auf einem Regal zu einer hübschen Gruppe arrangiert.

Oben: Eine makellose Rosenblüte hebt sich schön von dem matten Grau des verbeulten Blechgefäßes ab. Nehmen Sie einen Eimer oder einen kleinen Topf mit, wenn Sie im Garten Blumen fürs Haus schneiden. Wenn Gäste kommen, können solche einfachen Blumenarrangements auch hier und da im Garten verteilt werden.

Im Kübel gedeihen auch Kräuter und Gemüse gut. Oder hätten Sie lieber einen Kübelteich? Eine große Keramikschale ist groß genug für eine einzelne Seerose oder einen Minispringbrunnen.

Großes Foto: Eine ausladende Baumkrone breitet sich über der großen Holzpergola aus, an der Kletterrosen und andere Pflanzen Schatten spenden. Die Pergola ist stabil genug gebaut, um auch schwere Pflanzen zu tragen. Im Sommer bilden solche Konstruktionen einen herrlich schattigen, grünen Tunnel, der sich gut als Verbindung zwischen zwei Gartenbereichen eignet.

Mitte: Manchmal stützen zwei Pflanzen einander gegenseitig. Hier stützt ein Mandarinenbaum die zarten Zweige einer Schönmalve. Die Farben der Blüten und Früchte leuchten vor der hellblauen Wand besonders feurig.

Links: Ein improvisierter Rankbogen aus Moniereisen, die man beim Schütten von Beton verwendet. Die bräunlichen, gedrehten Stäbe tragen einen goldgrün panaschierten Hopfen und ein Solanum mit leuchtend violettfarbenen Sternblüten.

Rankhilfen

Beim Anlegen eines Gartens besteht der Reiz auch darin, funktionale Elemente wie Rankhilfen attraktiv zu gestalten. Warum langweilige Bambusstäbe wählen, wenn ein Wigwam aus geflochtenen Weidenruten oder bunt gestrichene Stangen kaum mehr Zeit und Mühe kosten?

Rankhilfen lassen sich in zwei Gruppen einteilen – die großen, eher architektonischen Elemente, an denen hohe Kletterpflanzen wachsen können, und die kleineren Stützen zum Anbinden kompakterer Pflanzen. Wie alle Gartenelemente sollten auch die Rankhilfen auf den Stil der Anlage abgestimmt sein. Außerdem müssen sie den Pflanzen, für die sie gedacht sind, ausreichend Halt geben.

Bögen bieten sich an, um den Eingang zum Garten oder den Übergang zwischen Bereichen zu markieren. Kletterrosen, Clematis oder Geißblatt machen aus solchen Bögen im Sommer ein Fest aus Duft und Blüten.

Klare, gerade Linien sehen in modernen Gärten am besten aus. Für ein Blumen- oder Gemüsebeet im ländlichen Stil wären rustikale Wigwams aus Weide oder anderen natürlichen Zweigen passend.

Pflanzen Sie verschiedene Sorten auf die beiden Seiten, die in der oberen Mitte zusammenwachsen dürfen. Eine Pergola ist letztlich eine Art Tunnel aus mehreren solcher Bögen. Wenn sie im Sommer belaubt ist, spendet sie angenehmen Schatten. Ursprünglich hatten solche grünen Tunnel den Zweck, dass adlige Damen lustwandeln konnten, ohne braune Haut oder Sommersprossen wie Bauersfrauen zu bekommen. Bögen und Pergolen kann man in verschiedenen Ausführungen fertig kaufen, aber auch relativ leicht selbst bauen. Ob aus bunt gestrichenen Holzlatten, altem Holz oder Metall, sie geben nicht nur Rosen Halt, sondern auch vielen anderen Pflanzen wie Kiwis, Winden und anderen blühenden Kletterern. Es kann spektakulär aussehen, wenn nur eine Pflanzenart gewählt wird. Ein bekanntes Fotomotiv ist die mit violetten Allium unterpflanzte Pergola im Garten der verstorbenen Rosemary Verey in Gloucestershire, die im Frühsommer von Goldregen zu triefen scheint. Neben Zierpflanzen klettern aber auch einige Kürbis- und Gurkensorten gern an Bögen und vertragen sich gut mit rankender Kapuzinerkresse.

Kleinere Pflanzenstützen können so schlicht oder aufwändig sein, wie es Ihnen gefällt. Um dem Garten ein wiederkehrendes Motiv zu geben,

Oben links: An der Grenze zum Nachbargarten hat Designer Jonathan Bell in seinem kleinen Stadtgarten ein Spalier aus kräftigen Holzleisten errichtet. Der Efeu bietet Sichtschutz, lässt aber genügend Licht und Luft durch.

Oben rechts: Sue Berger hat diesen Garten mit der Eisenpergola gestaltet (siehe auch Seite 101). An einem Pfosten wächst eine junge Clematis. Viele Kletterpflanzen müssen anfangs angebunden werden, ziehen sich aber bald eigenständig in die Höhe. Clematisblüten brauchen Sonne, doch die Wurzeln haben es gern schattig, darum sind sie hier von einem großen Stein bedeckt.

Oben: Der rostige Metallbogen rahmt den Blick auf den kleinen Blechschuppen ein. Der Bewuchs verdeckt auch einen Teil des kantigen Hauses, das im Hintergrund aufragt.

Rechts und gegenüber, Mitte: Die Pflanzenstützen in Sarah Ravens Stecklingsgarten in Sussex kann man als eigenständige Dekorationen betrachten. Das orangefarbene Wigwam (links) sieht das ganze Jahr über fröhlich aus. Hier bildet es einen reizvollen Kontrast zu den dunkelroten Wicken, die an einer anderen Stütze wachsen. Das rustikale Weiden-Wigwam (rechts) erhebt sich aus der Blättermasse und gibt ebenfalls Wicken Halt, die Sarah für ihre fantastischen Blumenarrangements verwendet. Solche Elemente lenken in flachen Gärten den Blick in die Höhe und können einem Beet ein optisches Zentrum geben.

Links: Kletterpflanzen sind nicht wählerisch. Sie begrünen auch so unkonventionelle Materialien wie diesen alten Sprungfederrahmen. Die rostigen Drahtspiralen sehen aus wie schwebende Skulpturen.

Oben und rechts: In Jan Howards Garten in Sussex findet man viele selbst gebaute Pflanzenstützen aus Holz und rostigem Metall. Die einfachen Flechtkonstruktionen geben duftenden Rosen und Geißblatt Halt, die kleineren Stangen werden einfach in Beete gesteckt, wo Blumen umzukippen drohen. Viele ihrer Modelle sind von einer Kugel gekrönt – mal aus massivem Metall, mal aus einem Gewirr von dünnen Zweigen.

genügt es schon, sie zu streichen. Ein dunkles Grün oder Blau verschwindet fast zwischen dem Laub. Wer es lebhafter mag, greift die Farben von Blüten auf, etwa Orange oder Violett. Klare, gerade Linien sehen in modernen Gärten am besten aus. Für ein Blumen- oder Gemüsebeet im ländlichen Stil wären rustikale Wigwams aus Weide oder anderen natürlichen Zweigen passend. Wigwams und Rankobelisken sind ideal für duftende Wicken. Bausätze, die leicht zusammenzubauen sind, kosten nicht viel. Metall-Rankhilfen sehen edel aus, doch sie können sich in der Sonne so stark aufheizen, dass zarte Pflanzen Schaden nehmen. Wigwams aus langen Stangen sind noch leichter zu bauen. Krönen Sie sie mit einer dekorativen Holzspitze oder einer Kugel aus dünnen Zweigen. Auf Spitzen von Stäben stecken Sie hübsche Flaschen oder spezielle Endstücke, damit Sie sich beim Jäten nicht verletzen. Glasperlen oder Glitzerknöpfe auf Drähten können um die Stangen geschlungen werden. Sie glitzern im Licht und halten Vögel fern.

Weil dekorative Pflanzenstützen den Blick in die Höhe lenken, kann man sie auch symmetrisch oder an den vier Ecken eines Beetes aufstellen, um die Anlage zu strukturieren. Und obendrein sehen sie auch noch schön aus, wenn die Blüten verwelkt sind und die Stauden das Laub eingezogen haben. Selbst im Winter sehen sie mit Raureif oder einer dünnen Schneeschicht noch attraktiv aus.

Pflanzen sind natürlich ein Teil der Gartendekoration. Doch eine Allee aus Bäumen wird zum grünen Korridor, wenn die Stämme wie Säulen wirken. Sauber beschnittene Hecken dienen als belaubte Unterteilungen oder Wände. Einzelne Bäume oder Sträucher in Kübeln kann man ebenfalls in verschiedene spektakuläre Formen schneiden.

Die Pflanzen, die vorzugsweise für Formschnitt verwendet werden, sind dichtblättrige Immergrüne wie Buchsbaum, Eibe und Lorbeer (frostempfindlich). Andere Sträucher wie Wacholder, Rosmarin, Lavendel, Ilex und sogar Kamelien sind aber auch geeignet. Hainbuche ist wegen des dichten Sommerlaubs beliebt, wirft aber das Laub ab und ist im Winter kahl. Für ein Labyrinth eignet sie sich nicht, sorgt aber für saisonale Abwechslung. Lawson-Zypresse eignet sich ebenfalls, muss aber oft geschnitten werden, weil sie sehr schnell wächst.

Der Formschnitt hat in der Gartengestaltung eine lange Tradition, lässt aber auch moderne Interpretationen zu. Schon eine wellige Heckenoberkante, die die Kontur der umgebenden Landschaft wiederholt, kann auf dezente Weise modern wirken. In Piet Oudolfs Garten im niederländischen Hummelo bilden Formschnittpflanzen eine faszinierende Kulisse für seine modernen Staudenbeete und wilden Gräser. Hochstammhecken aus

Formale Gartenanlagen harmonieren gut mit Höfen alter Stadthäuser. Dieser Garten in Bristol wurde von Sue Berger entworfen und ist ein schönes Beispiel für eine moderne Variante des Formschnitts. Die lockere Bepflanzung aus hellgrünen Euphorbien und orangerot blühenden Montbretien bildet einen interessanten Gegenpol zu der geometrisch-strengen Buchsbaum-Einfassung. Die jungen Linden könnten später zu einer Hochstamm-Hecke gestutzt werden.

Mit Geduld und regelmäßigem Schnitt kann man Pflanzen zu lebenden Skulpturen erziehen. Gestalten Sie aus Bäumen und Sträuchern klassische Kegel, Würfel oder Spiralen – oder schaffen Sie sich einen mobilen Formschnittgarten in Kübeln.

Formschnitt

Nachts, vor allem bei Vollmond, sehen Formschnittpflanzen geheimnisvoll aus. Sie wirken fast lebendig, als wollten sie sich im nächsten Moment durch den Garten bewegen.

Linden oder Hainbuchen können eine Unterpflanzung aus Arten mit kontrastfarbigem Laub bekommen – ähnlich wie ein Raum, der bis zur halben Wandhöhe in einer anderen Farbe gestrichen ist. Wer dem neuesten Formschnitt-Trend folgen will, der schneidet Buchsbaum oder Eibe in „Wolkenform". Die bemüht-originellen Pfauen und Teekannen früherer Jahre sind allerdings nicht mehr zeitgemäß. Heute werden grafische Formen wie Kugeln, Würfel, Kegel oder bestenfalls schlichte Spiralen bevorzugt.

Solitärpflanzen eignen sich für künstlerische Experimente am besten. Man kann sie fertig beschnitten kaufen oder selbst die Schere ansetzen – entweder nach Augenmaß oder anhand einer Anleitung aus einem Buch. Immer sollten aber Gestalt und Größe der Pflanze die gewählte Schnittform bestimmen. Niedrige Kugelformen empfehlen sich für Anfänger und sehen

Der holländische Garten von Manus und Nellie Hijmans-Christiaans ist ein Musterbeispiel für kunstvollen Formschnitt.

Oben: Sessel und Tisch – natürlich mit Blumentopf – bringen alle Besucher des Gartens zum Schmunzeln.

Großes Foto und rechts: Moderne Gärtner bevorzugen schlichte Formschnittfiguren, etwa Würfel, Kegel und einfache „Etagenbäume". Verspielte Vögel und Teekannen liegen nicht mehr im Trend, was andererseits etwas subtilen Humor nicht ausschließt. Pflanzen in Kübeln haben den Vorteil, dass man sie zu interessanten Gruppen arrangieren kann.

verblüffend effektvoll aus, wenn sie mit freier wachsenden Pflanzen abwechseln. Betont aufrechte Formen wie Obelisken und Pyramiden eignen sich zum Einrahmen von Durchgängen und zum Betonen geometrisch angelegter Beete – auch im Kräuter- und Gemüsegarten. Eine Reihe aus Kugelhochstämmen, die sich aus hübschen Kübeln oder lebenden, ebenfalls in Form geschnittenen „Sockeln" erheben, sieht immer gut aus. Pflanzen in verschiedenen Formen, zu lockeren Gruppen arrangiert, können einen Garten ähnlich bevölkern wie Grüppchen von Gästen bei einer zwanglosen Gartenparty. Nachts, vor allem bei Vollmond, sehen Formschnittpflanzen geheimnisvoll aus. Sie wirken fast lebendig, als wollten sie sich im nächsten Moment durch den Garten bewegen.

Formschnittpflanzen gedeihen auch in Kübeln gut, und eine Gruppe von Pflanzen in gleichen Formen findet sogar auf dem Balkon oder in einem kleinen Stadtgarten Platz. Weil die Pflanzen sehr langsam wachsen, kann man sie bei einem Umzug kurzerhand mitnehmen. Wer ungeduldig ist, kann auch Drahtfiguren fertig kaufen oder selbst machen und mit kletternden Pflanzen begrünen. Efeu empfiehlt sich, weil er immergrün ist. Clematis, Passionsblumen und andere blühende Kletterer sehen am schönsten auf großen Gitterkugeln aus, auf denen man die Blüten bewundern kann. Auf Stäbe gesteckt oder direkt ins Beet gelegt sehen solche Kugeln auch im Winter interessant aus, wenn die Pflanzen das Laub abgeworfen haben.

Niedrige Kugelformen empfehlen sich für Anfänger und sehen verblüffend effektvoll aus, wenn sie mit freier wachsenden Pflanzen abwechseln.

Links: Ein formaler Gartenbereich mit gestutzten Hecken und Formschnittelementen sieht in direkter Hausnähe am besten aus. In Marc Schoellens Garten in Luxemburg kontrastieren die stilisierten Formen und die niedrigen Hecken um die Blumenbeete im Eingangsbereich mit den größeren Alleen im hinteren Garten.

Gegenüber oben links: Auch Lavendel und Rosmarin kann man zu niedrigen Kugeln stutzen. Diese Form eignet sich für Anfänger besonders gut und hält außerdem die Pflanzen kompakt und dicht. Lavendel wird nach der Blüte geschnitten – aber niemals bis ins Holz.

Gegenüber oben rechts: Eine Gruppe niedriger Buchsbaumkugeln bildet einen reizvollen Kontrast zu den großen, tief gelappten Blättern des Federmohns.

Gegenüber unten: Zwei stattliche Buchsbaumspiralen stehen am Eingang dieses edlen Gewächshauses Spalier.

Links: Der elegante, weiße Pavillon im Garten der Familie Farrell hat offene Seiten, durch die man auf verschiedene Gartenbereiche schaut. Solche Gebäude können verschiedene Funktionen erfüllen. Immer bieten sie eine angenehm schattige Sitzgelegenheit, daneben können sie ein Blickfang im Garten sein und Komposthaufen oder Wäscheleine diskret verstecken.

Lauben und Verstecke

Gibt es etwas Heimeligeres als eine Gartenlaube? Das Spektrum reicht vom edlen Gartenwohnzimmer mit bequemen Möbeln und Kochgelegenheit bis zur simplen Konstruktion, die kaum mehr als Schutz vor Regen und Sonne bietet. Bei guter Platzierung können Lauben auch eine tragende Rolle in der Gartengestaltung übernehmen.

Ein schönes Gartenhäuschen lenkt den Blick in die Höhe, steuert Farbe bei, bietet einen Blickfang und belebt den Garten im Winter. In historischen Gärten wurden die kleinen Tempel und Pavillons hauptsächlich nach ästhetischen Kriterien platziert. Schatten und Wetterschutz waren eher zufällige Beigaben. Heute sind Optik und Nutzen gleichberechtigt, Gartenhäuser werden zum Essen und Feiern genutzt, als Arbeits- oder Spielzimmer, sogar als Schlafplatz für Gäste. Natürlich sind sie auch zum Unterbringen von Gartenmöbeln, Rasenmäher und anderen Utensilien praktisch.

Manche Firmen bieten Gartenhäuser nach den individuellen Maßen und Vorstellungen des Kunden an. Das ist nicht billig, kann aber sinnvoll sein, wenn das Haus als Arbeits- oder Gästezimmer oder zum Aufbewahren teurer Geräte verwendet werden soll. Bausätze zum Selbstaufbau sind nicht viel preiswerter, sofern man sich nicht für eine Schlichtestvariante entscheidet.

In Mirabel Oslers schmalem Stadtgarten gibt es verschiedene, gut versteckte Rückzugsplätze.

Links: Der Freiluft-Essplatz ist von Pflanzen eingeschlossen. Rosen, Kiwi und Clematis bilden ein blühendes Dach, von einer Seite schirmt ein prächtiger Sommerflieder den Platz ab. Wer im Sommer gern draußen isst, wird einen schattigen Platz für den Tisch zu schätzen wissen.

Gegenüber oben links und rechts: Weiter hinten im Garten steht das wunderschöne, von Richard Craven entworfene „Cat House", das den ganzen Garten überblickt. Es ist innen und außen in Mauve, Blau und Orange gestrichen und mit einer antiken Truhenbank eingerichtet. Durch ein Gucklock in der Wand kann Mirabel frühzeitig sehen, wer den Weg entlang kommt.

Überlegen Sie genau, was Sie von einem Gartenhaus erwarten und wie sich seine Form, seine Größe und sein Stil in den Garten integrieren lassen. Vielleicht möchten Sie ein geliebtes Architekturdetail oder ein Paar antiker französischer Türen verwenden? Eine versierte Baufirma kann auch solche Ideen umsetzen. Denkbar ist auch, einen Bausatz zum Selbstaufbau zu wählen und den eigenen Wünschen anzupassen – etwa mit einem Holzofen drinnen und einer überdachten Holzveranda komplett mit Schaukelstühlen vorn. In jedem Fall sollten Sie bei der örtlichen Baubehörde eine Genehmigung einholen, ehe Sie an die Arbeit gehen.

Ein wichtiger Aspekt ist der Standort. Soll das Gartenhaus ein Blickfang oder ein geheimer Rückzugsort sein? Geht es Ihnen um einen Schattenplatz im Sommer oder möchten Sie die Morgen- oder Abendsonne ausnutzen? Manche traditionellen Gartenhäuser waren auf simplen Drehscheiben errichtet, sodass man sie der Sonne zu- oder dem Wind abwenden konnte. Ist Ihr Garten groß genug, könnten Sie hinter dem Haus einen versteckten Bereich für den Kompost und die leeren Blumentöpfe vorsehen.

Oben: Dieses kleine Holzhaus in Holland sieht aus wie ein einfacher Schuppen mit Ausschnitten in der Vorderseite. Mit seinem frischen Anstrich – außen hellblau, innen weiß – passt es gut in die Umgebung. Hinter den Blumentöpfen auf den Fensterbrettern lässt es sich angenehm lesen oder essen.

Oben links und rechts: Der Landschaftsarchitekt Jonathan Bell hat das moderne Büro seines Betriebes in einem schlichten Würfel aus Holz und Glas eingerichtet. Vom Schreibtisch, der vor dem wandhohen Fenster steht, hat man einen herrlichen Blick auf den Garten.

Großes Foto: Lichterketten und Glasblüten, Bougainvillea und Kletterrosen haben diese Pergola in ein blühendes, funkelndes Dach verwandelt, das am Tag Schatten spendet. Am Abend laden die bequemen Sitzmöbel zwischen niedrigen Tischen und Kübelpflanzen zum Entspannen ein.

Selbst das schlichteste Gartenhaus hat einen speziellen Zauber. Schon wenige Meter Entfernung zum Wohnhaus genügen, um für einen Moment Abstand zur Welt und zum Alltag zu gewinnen.

Selbst wenn eine Laube aus nicht mehr als einigen zusammengenagelten Spalieren besteht: Ist sie einmal von Rosen oder anderen duftenden Pflanzen überwachsen, wird sie zum bezaubernden Versteck. Nicht umsonst werden solche Lauben gern für romantische Verabredungen genutzt, in Romanen und im wirklichen Leben. Gartenhäuser sind oft exzentrische Welten, in denen Kinder – und Erwachsene – spielen können. Was für die Wohnungseinrichtung indiskutabel wäre, findet hier seinen Platz: Kitsch, Landhaus-Chintz, aufgepeppter Sperrmüll. Man könnte auch für Garten und Häuschen ein gemeinsames Thema wählen, vielleicht ein Umkleidehäuschen für einen maritimen Garten oder pseudo-gotische Grandezza zwischen Gehölzen. Eine Wellblechhütte könnte wie eine Köhlerhütte hergerichtet werden, ein modernes Büro in der Stadt mit Glasdach, Einbauregalen, Computer und Telefon ausgestattet sein.

Selbst das schlichteste Gartenhaus hat einen speziellen Zauber. Schon wenige Meter Entfernung zum Wohnhaus genügen, um für einen Moment Abstand zur Welt und zum Alltag zu gewinnen. Wer ein Gartenhaus plant, ob aufwändig oder winzig, sollte seiner Fantasie Spielraum geben. Schwelgen Sie in Kindheitserinnerungen und Tagträumen, um einen Platz zu gestalten, der für Sie maßgeschneidert ist.

Gartenhäuschen eignen sich auch, um etwas Witz in die Gestaltung zu bringen.

Oben: Das Häuschen aus Wellblech (links) erinnert entfernt an das Herzhaus vergangener Zeiten, während das Umkleidehäuschen (rechts) mit seinen Streifen in Hellblau und Gelb in diesem Kiesgarten frische Meeresatmosphäre verbreitet. An einem Swimmingpool könnte es tatsächlich für seinen Zweck genutzt werden. Solche kleinen Häuschen sind praktisch für Rasenmäher und andere unansehnliche Notwendigkeiten. Natürlich eignen sie sich auch bestens als Spielhäuser für Kinder.

Oben und links: Das Gartenhaus, liebevoll „Schmollwinkel" genannt, schenkte Simon Dorrell seinem Mitbesitzer David Wheeler zum 50. Geburtstag. Die drei Spitzbögen im gotischen Stil stammen von einem viktorianischen Abrisshaus. Mit den hohen Treppengiebeln ist das Haus vom ganzen Garten aus zu sehen. Die Beete rechts und links des Rasenwegs sind in dunklen Farben gehalten, die perfekt zur gotisch-düsteren Ausstrahlung passen. Dabei ist das Haus in Wirklichkeit gar nicht so düster, denn wenn der Garten (Bryan's Ground in Herefordshire) für die Allgemeinheit geöffnet ist, spielen hier oft Musiker zur Unterhaltung.

Wasser- spiele

Eigentlich sollte Wasser in keinem Garten fehlen. Ob Minibachlauf oder Springbrunnen, natürlicher Schwimmteich oder Skulptur – eine passende Lösung findet sich immer.

Anblick und Geräusch von Wasser im Garten wirken positiv auf Geist und Seele. Ruhiges, klares Wasser beruhigt und fasziniert durch die Spiegelungen von Laub oder Himmel. Bewegtes Wasser dagegen wirkt anregend und erfrischt die Luft. Wählen Sie Ihr Wasserspiel nach Geschmack, Stil und Budget – aber verzichten Sie nicht auf die Bereicherung, die Wasser für den Garten bringt.

Wasser kann spiegeln, kühlen, erfrischen oder eine Skulptur betonen. Sein Geräusch kann von Verkehrs- oder Fluglärm ablenken und die Konzentration fördern. Das Spektrum der Möglichkeiten reicht vom großen Swimmingpool über den Naturteich bis zum schmalen Bachlauf oder

Berge aus weißen Glaskies erheben sich wie surreale Pyramiden aus einem Wasserbecken in diesem ungewöhnlichen Glasgarten in Kalifornien. Andy Cao, der Designer und Besitzer, knüpft mit dieser Installation an seine Kindheit in Vietnam an, wo man Salz zum Trocknen zu solchen Bergen aufhäufte. Die Berge, die im Dämmerlicht besonders interessant aussehen, sind nur eine der Kindheitsassoziationen, die sich in dem ungewöhnlichen Garten finden.

Rechts: Glasbausteine, Beton, Kiesel und Glas sind die modernen Materialien dieses kleinen Beckens auf einer von Stephen Woodhams entworfenen Dachterrasse. Der angedeutete Industriestil verträgt sich gut mit der Backsteinmauer und dem verzinkten Metallgitter, auf dem das Becken steht. Plätscherndes Wasser ist auch auf einer Dachterrasse angenehm und kann in der Stadt von Verkehrs- oder Fluglärm ablenken. Allerdings sollte das Wasser nicht so laut sein, dass es Gespräche übertönt.

Minispringbrunnen. Der Stil kann formal oder naturalistisch sein, auch ultramoderne Materialien wie kunterbuntes Plastik, Glas oder Stein sind denkbar.

Damit ein Teich oder Brunnen überzeugend aussieht, muss er sorgfältig in die Gesamtgestaltung des Gartens integriert werden. Auch wenn die Vorschläge in Zeitschriften und Fernsehsendungen verlockend sind: Kaufen Sie Pumpe und Springbrunnen erst, nachdem Sie den Platz in Ihrem Garten festgelegt haben. Für manche kleinen Gärten sind diese Komplett-Einheiten die einzige Lösung. Wenn man sie jedoch nicht geschickt integriert, sehen sie allzu oft wie „hingestellt" aus. Legen Sie den Wassergarten so groß wie möglich an, Sie werden es nicht bedauern.

Große Schwimmbecken oder große Teiche eignen sich nicht für jeden Garten. Sie müssen fachmännisch angelegt und geschickt in die Gesamtanlage integriert sein. Badewannen und Duschen, die immer beliebter werden, lassen sich dagegen auch im kleinsten Gartenhof und sogar auf manchem Balkon unterbringen. Was kann vergnüglicher sein als eine Dusche im Sonnenschein oder ein Bad unter dem Sternenhimmel mit Blick auf die Lichter der Stadt? Als Sichtschutz reichen üppige Pflanzen wie Bambus oder schlichte Paneele aus gestrichenem Holz oder satiniertem Glas aus.

Für Teiche und kleine Wasserbecken empfiehlt sich eine Pumpe, weil stehendes Wasser leicht trübe wird und unangenehm riecht. Teichpumpen gibt es auch mit Solarantrieb, allerdings arbeiten die meisten nur bei

Ganz links: Schon ein 5 Zentimeter tiefer Wasserlauf kann einen Garten aufwerten. Diese Rinne ist flach und schmal, passt aber durch ihren nüchternen Stil gut zu der sachlichen Architektur und dem modernen Dachgarten. Die Spiegelungen der Blätter und des Himmels schaffen eine heiter-beschauliche Atmosphäre.

Mitte: In große Natursteine kann man Löcher bohren lassen, durch die das Rohr für ein einfaches Wasserspiel passt. Wenn die Pumpe abgeschaltet ist, sehen die Steine aus wie ein Landschaftskunstwerk.

Links: Ein kreisrundes Wasserbecken mit Naturstein-Einfassung lockert eine Rasenfläche auf und spiegelt den Himmel und die überhängenden Zweige.

Sonnenschein. Mit einer elektrischen Pumpe, die am tiefsten Punkt des Teichgrundes oder in einem Reservoir platziert wird, lassen sich die verschiedensten Wasserspiele betreiben, vom überlaufenden Gefäß über eine einzelne Fontäne in einem geometrischen Becken bis zu einem supermodernen Wasserspeier aus einem abgesägten Wasserrohr über einem verzinkten Becken. Der Schalter sollte in Hausnähe versteckt sein, damit sich das Wasserspiel diskret in Betrieb setzen lässt.

Bei den verwendeten Materialien spielen wieder Budgetrahmen und Gartenstil eine Rolle. Zu modernen und formalen Becken passen schlichte Einfassungen aus Sandstein, grauem Schiefer oder hellem Naturstein am besten. Für einen naturnahen Teich könnten Sie Kies oder größere, glattgewaschene Kiesel und Steine verwenden. Mithilfe bestimmter Pflanzen, die das Wasser reinigen, könnte man als Alternative zum hellblauen, gechlorten Swimmingpool auch einen natürlichen Schwimmteich anlegen. Denken Sie auch an angemessene Sicherheitsvorkehrungen, wenn Kinder den Garten benutzen.

Geht es Ihnen hauptsächlich um die Spiegelungen, sollte das Becken innen schwarz sein. Teichfolie, schwarze Fliesen oder ein Anstrich wären denkbar. Mit schwimmenden Inseln und den Reflexionen bunter Pflanzen kann so ein Spiegelbecken im Sommer wie ein abstraktes Bild wirken. Aber auch die Reflexion des grauen Winterhimmels kann faszinierend aussehen. Und ist das Wasser gefroren, kann man auf einem flachen Teich sogar Schlittschuh laufen.

Der Architekt Dale Loth hat den dunklen Schacht vor einem Kellerfenster in ein interessantes Wasserbecken verwandelt. Hier wurde die hohe Stützmauer entfernt und der Bereich ausgeschachtet, damit die Vertiefung größer und heller wird und Anschluss an den Garten erhält. Nun blickt man aus dem Keller auf einen Gartenhof im japanischen Stil mit Calla, kriechendem Cotoneaster und Bambus. Betonplatten und runde Kiesel in einem Zementbett führen zu einer leichten Treppe aus Metallgittern, die in den eigentlichen Garten führt. An einer Seite tröpfelt das Wasser leise über eine nach Maß gebaute, beleuchtete Edelstahl-Wellplatte. Durch die Bewegung bleibt das Wasser klar.

Mit einer elektrischen Pumpe lassen sich die verschiedensten Wasserspiele betreiben, vom überlaufenden Gefäß über eine einzelne Fontäne in einem geometrischen Becken bis zu einem supermodernen Wasserspeier aus einem abgesägten Wasserrohr über einem verzinkten Becken.

Die Materialien zum Begrenzen verschiedener Gartenbereiche sollten auf die Pflanzen abgestimmt sein. Verwenden Sie traditionelle Materialien wie Naturstein, Schiefer oder Ziegel in einem modernen Kontext oder setzen Sie auf Holzdecks oder Metallgitter im Industriestil. Trendbewusste könnten strukturierten Beton oder farbige Glaschips wählen.

Basisarbeit

Die Auswahl der Materialien für Bodenbeläge und Strukturelemente des Gartens zählt zu den wichtigsten Entscheidungen überhaupt. Ein ungeschickter Bodenbelag im Haus kann die Wirkung eines Zimmers ruinieren – im Garten ist es nicht anders. Farben und Texturen von gepflasterten Flächen, Stufen und Stützmauern sollen nicht nur zum Haus passen, sondern die Atmosphäre des Gartens bestimmen und einen passenden Hintergrund für die anderen Gestaltungselemente bilden.

Feste Regeln gibt es nicht. Traditionelle Materialien wie Ziegel und Kalkstein harmonieren gut mit älteren Gebäuden, können aber auch ganz modern interpretiert werden. Allerdings gibt es auch moderne Versionen dieser traditionellen Materialien –

Großes Foto und Mitte: Andy Cao hat in seinem ungewöhnlichen Garten in Kalifornien Glaschips zu weichen Hügeln aufgeschüttet und für die Wege in Kunstharz verlegt. Das Glas wurde so lange in einer Trommel geschliffen, bis es keine scharfen Kanten mehr hatte. Die fließenden Übergänge wurden mit einer Harke gestaltet. Selbst die Mauer aus Gasbetonsteinen glitzert und schimmert, weil in den Verputzmörtel blaugrüne und braune Glaschips gemischt wurden. Die Bepflanzung war allerdings schwierig, weil die Reflexionen des Glases empfindliche Blätter versengen können.

Ganz links: Konventioneller sind Ziegel, Fliesen und Backsteine, die man in vielen dekorativen Mustern verlegen kann. Weil sie recht klein sind, lassen sie sich auch in Kurven, Bögen und anderen Formen verlegen. Tonziegel setzen schnell Patina und Moos an, außerdem siedeln sich in den Fugen oft Pflanzen an. Das mag zu einem Bauernhaus passen, einem modernen Gebäude dagegen stehen moderne Beton-Pflastersteine oder Schieferplatten besser. Billige, neue Ziegel sollten Sie besser nicht verwenden – sie werden immer billig und neu aussehen.

Natürlich tragen auch die Farben von Haus und festen Elementen zur Wirkung des Gartens bei.

Rechts: Terrakotta und Salbeigrün vertragen sich gut miteinander und passen auch zu den Kletterpflanzen an der Tür.

Ganz rechts und unten rechts: Der blaue Staketenzaun korrespondiert mit dem dunkleren Ton der Haustür und dem eher graustichigen Blau der Fenster. Die Kombination passt perfekt zu den Lavendelpflanzen in dem großen Kasten und dem Hochbeet. Bei der Umgestaltung des Gartens wurde die Pforte ein Stück nach links verlegt, um einen langweilig-schnurgeraden Weg zur Haustür zu vermeiden. Der Weg aus Steinplatten ist von einem Streifen aus grauviolettem Schiefersplitt eingefasst.

Rechts: Terrassen mit niedrigen Stützmauern aus Stein oder Beton sind die Lösung für Gärten mit steilem Gefälle. Stufen verbinden die Ebenen.

Unten und gegenüber unten links: Verwitterte Stein- und Ziegelböden passen zur zwanglos-romantischen Atmosphäre von Bauerngärten. Niedrige Kriechpflanzen siedeln sich in den Fugen zwischen Steinplatten an (**gegenüber**), Moos und Efeu begrünen die Ränder des Kopfsteinpflasters (**unten**). Damit die Pflanzen den Weg nicht überwuchern, müssen sie ab und zu gestutzt werden.

Traditionelle Materialien wie Ziegel und Kalkstein harmonieren gut mit älteren Gebäuden, es gibt sie aber auch in ganz modernen Formen und Farben.

beispielsweise indigoblaue Beton-Pflastersteine oder maschinell und exakt geschnittene Natursteinplatten. Innovative Materialien wie Gussbeton oder farbige Glaschips sind Alternativen für alle, die surrealistisch-moderne Gärten schätzen.

Wie im Haus kann auch im Garten ein schlichter, einheitlich gestalteter Boden Bereiche miteinander verbinden und das Auge von einem Blickfang zum nächsten lenken. So lässt sich auch ein älterer Garten „retten", der für eine Runderneuerung zu schön ist und dennoch zusammenhanglos wirkt. Manchmal ist jedoch ein komplexes Muster genau die richtige Lösung, um eine formale Anlage mit Formschnittpflanzen und strengen Hecken aufzulockern oder einen langweiligen Durchgang oder Hof zu beleben. Zu viele Materialien und Texturen sollten Sie aber nicht auf kleinem Raum kombinieren. Schöner sind grafische Muster aus zwei Materialien, etwa Naturstein mit einer Einfassung aus Ziegeln, ein Holzdeck mit einem Rahmen aus flachen Kieseln. Sie könnten auch aus Kieseln in zwei oder drei Farbtönen ein Mosaik gestalten.

Die Baumaterialien eines Gartens müssen drei Anforderungen erfüllen. Sie müssen gut aussehen, sich gut anfühlen und sie müssen praktisch sein – vor allem in Bereichen, die strapaziert werden oder in denen Kinder spielen. Es ist geschickt, den Stil der Wohnräume vor der Tür fortzusetzen. Wer beispielsweise im Esszimmer oder der Küche Glastüren hat, könnte drinnen wie draußen den gleichen Bodenbelag verwenden. Das sieht besonders im Sommer schön aus, wenn die Tür tagsüber offen steht. Wer im Haus Elemente aus verzinktem Metall verwendet, kann auch sie draußen wiederholen, etwa durch Kübel und Pflanzkästen, aber auch in Form von Metallgittern für Stufen oder Wege. Ein Holzdeck passt zu fast jedem Baustil, alte Eisenbahnschwellen dagegen harmonieren am besten mit umgebauten Lagerhäusern oder natürlich-wilden Gehölzgärten. Überlegen Sie, wie Farbe, Textur und Form der Komponenten auf kleinen und größeren Flächen wirken und welche Muster entstehen.

Unten links: Für einen sachlich-reduzierten Stil sollte man nicht mehr als zwei oder drei hochwertige Materialien kombinieren. Diese Dachterrasse hat ein Deck aus Rotzedernholz und eine Mischung aus Strandkieseln und größeren Steinen in den Pflanzbereichen. Achten Sie bei festen Elementen auf gute Verarbeitung, die umso mehr ins Auge fällt, wenn nur wenige Pflanzen und Dekorationen den Blick fesseln.

Oben, oben links und rechts: Ähnlich zurückhaltend hat auch der Landschaftsarchitekt Jonathan Bell seinen Gartenhof gestaltet. Hohe Holzspaliere, sparsame Bepflanzung und Natursteinplatten in Splitt vermitteln eine fernöstliche Atmosphäre. An das Haus wurde ein Anbau mit Glasdach für die Küche angebaut. So entstand ein wunderbarer, halb innen, halb außen liegender Essbereich, doch der kleine Garten wurde noch winziger. Durch die schlichte Gestaltung mit nichts als Kieseln, Steinen und Beton hat Bell den Eindruck von Größe dennoch erhalten und einen pflegeleichten Garten geschaffen, der – wie er sagt – nur ein paar Stunden Arbeit im Jahr verlangt. Drei Stufen führen zur oberen Ebene und zum Büro, das in einem Glasanbau hinter der Küche liegt. Eine Vertiefung in der Betonmauer wird mit einem Gitter zum Grill.

Rechts und ganz rechts: In Jonathan Bells minimalistischem Garten in London liegen Trittsteine in feinerem Splitt. In japanischen Gärten dienen solche Steine dazu, das Gehtempo zu verlangsamen und eine meditative Stimmung zu fördern.

Unten: In diesem Garten wurde der Zement für Mauern und Stufen mit Pigmenten eingetönt. Im Lauf der Zeit verändern sich die Farben durch die Witterungseinflüsse, sodass reizvolle, abstrakte Effekte entstehen, die zu den Texturen der Pflanzen passen.

Gelungene Gartengestaltung hängt nicht nur davon ab, wie Materialien aussehen, sondern auch davon, wie sie sich anfühlen. Sind sie geschickt gewählt, wird der Spaziergang durch den Garten zu einem Erlebnis für alle Sinne.

Rechts: Verzinkte Metallgitter setzen sich in modernen Gärten immer mehr durch. Ihre Industrieästhetik passt gut in Stadtgärten und eignet sich besonders für tragfähige Elemente, die Licht durchlassen sollen. In Dale Loths Garten in London vermitteln die Gitterstufen, die an eine Seitenwand des Wasserbeckens geschraubt sind, dem Benutzer das Gefühl, über dem Wasser zu schweben. Der „Wasserfall" im Hintergrund besteht aus einer gewellten Edelstahlplatte, über deren gesamte Breite Wasser tröpfelt. Die natürlich-runden Formen der Kiesel und größeren Steine sind eine willkommene Abwechslung zu den strengen, grafischen Elementen. Verzinkte Metallgitter sind auch praktisch für Balkons und Terrassen, durch die Licht in tiefere Geschosse fallen soll. Man kann sie sogar knapp unter der Wasseroberfläche eines Teiches verlegen, um das Sicherheitsrisiko für Kinder zu reduzieren.

Gelungene Gartengestaltung hängt nicht nur davon ab, wie Materialien aussehen, sondern auch, wie sie sich anfühlen. Möchten Sie unter den Füßen glatten, kühlen Sandstein spüren – oder lieber das Knirschen von Kies? Die sanfte Wärme von sonnenbeschienenem Holz oder die Glätte von poliertem Beton? Sind die Materialien geschickt gewählt, wird der Spaziergang durch den Garten zu einem Erlebnis für alle Sinne.

Natürlich wollen auch praktische Aspekte bedacht sein. Ist ein Flächenmaterial langlebig und strapazierfähig? Wird es mit dem Alter schöner oder unansehnlich? Wie viel Pflege braucht es? Stehen Gartenmöbel darauf, ohne zu wackeln? Weil die Baumaterialien zu den kostspieligsten und langlebigsten Materialien im Garten gehören, zahlt es sich aus, diese Fragen frühzeitig und gründlich zu durchdenken.

Wege und Decks aus Holz haben in den letzten Jahren viele Anhänger gefunden. Sie sind relativ preiswert, leicht zu bauen und passen zu verschiedenen Gebäudestilen. Kiefernholz ist besonders preisgünstig, wirkt aber durch die starke Maserung recht rustikal. Alte Gerüstbohlen sind sehr stabil und haben einen eher industriellen, städtischen Charakter. Iroko eignet sich gut für Dachterrassen. Sein warmer Honigton verwandelt sich mit den Jahren in ein sanftes Silbergrau, wenn man das Holz nicht regelmäßig ölt. Auch Rotzedernholz eignet sich für Decks. Es kann farbig lasiert werden oder unbehandelt bleiben. Wählen Sie in jedem Fall Holz aus kontrollierter Forstwirtschaft. Holzdecks sind nicht so pflegeleicht, wie man vielleicht meinen möchte. Bleibt es unbehandelt, kann sich vor allem im Schatten auf der Oberfläche im Winter ein rutschiger Algenbelag bilden, der alljährlich mit einem Hochdruckreiniger oder von Hand mit einem Schrubber und einer milden Bleichelösung entfernt werden muss. Damit ein Deck gut aussieht, muss es regelmäßig gefegt werden. Außerdem dürfen die

Großes Foto: Die breiten, flachen Stufen an diesem Hang wirken eher wie Terrassen. Rustikale Eisenbahnschwellen als Fronten und mit Kies aufgefüllte Flächen passen gut zu der lockeren, natürlichen Bepflanzung. Duftige Gräser und Kapuzinerkresse wachsen über die Ränder des Weges, der abends von Kerzen in blauen Gläsern beleuchtet wird.

Mitte rechts: Auch mit unkonventionellen Materialien lassen sich verblüffend dekorative Effekte erzielen. In Bryan's Ground im englischen Herefordshire wurden Stöckchen, die die Hunde der Besitzer angeschleppt haben, als Bodenbelag für ein kleines Beet verwendet. Andere Beete sind mit Schieferbruch und flachen Kieseln ausgefüllt.

Ganz rechts: Normalerweise sieht man runde Kiesel in naturnah gestalteten Gärten. Dale Loth hat sie einmal ganz anders eingesetzt und flache Steine gleicher Größe ordentlich Seite an Seite wie Fischschuppen in Beton eingebettet.

Ein ausdrucksvoller, schlichter Bodenbelag kann den roten Faden des Gartens bilden. Gestalten Sie grafische Muster aus zwei kontrastierenden Materialien, etwa Naturstein mit Ziegeleinfassung oder Holz mit Strandkieseln. Oder gestalten Sie ein Mosaik aus glatten Kieseln in zwei bis drei Farbtönen.

Lücken zwischen den Brettern nicht zu breit sein, sonst sammelt sich darunter allerlei Unrat.

Kies, Splitt und Granulate – aus Stein, Schiefer, Marmor, Plastik oder Glas – setzen sich in modernen Gärten zunehmend durch. Kies wird in verschiedenen Farben und Korngrößen angeboten – je gröber die Körnung, desto unangenehmer geht es sich darauf. Kleine Strandkiesel in sanften Rosa-, Creme- und Grautönen passen besonders gut zu Wasserspielen und Bambus oder anderen dekorativen Pflanzen. Grauer Kies und Splitt werden schon lange für Einfahrten verwendet, doch auch im Garten selbst können sie gut aussehen. Hellgrauer Kies bietet sich für Gärten im Mittelmeerstil an, wo sich die Pflanzen selbst aussäen und die Konturen von Wegen und Beeten verwischen dürfen. Zu einem älteren Haus passt am besten Splitt aus einheimischem Gestein in einem Farbton, der mit dem Mauerwerk harmoniert. Gelblicher Sandstein-Splitt wäre eine gute Wahl für ein Haus aus Lehmziegeln mit einem Bauerngarten. Schiefersplitt gibt es in verschiedenen interessanten Farbtönen von grünlichem Grau bis Aubergine, die sich für moderne Gartenanlagen anbieten. Schwarzer und weißer Splitt auf scharf abgegrenzten Flächen erzeugt spannungsvolle Kontraste. Farbige Glaschips mit entschärften Kanten können als

dekorative Abdeckung des Substrates in Kübeln und Hochbeeten verwendet oder – wie in Andy Caos Garten in Los Angeles – zu impressionistischen Landschaften aufgehäuft werden.

Kiesel und Splitt sehen aber nicht nur gut aus. Ist die Schicht dick genug, reduziert sie die Verdunstung von Bodenfeuchtigkeit und unterdrückt Unkraut. Das leise Knirschen unter Füßen und Reifen dient obendrein der Sicherheit. Ihr Nachteil besteht darin, dass die kleinen Teile leicht auf angrenzende Beete und Rasenflächen gelangen. Kleine Kinder könnten sie auch in den Mund stecken. Fallendes Herbstlaub verdirbt das makellose Bild und muss von Hand abgesammelt werden, weil eine Harke auch den Kies mitnehmen würde.

Steinplatten sind ein traditionelles Material, und es gibt durchaus erschwingliche Sorten. Selbst Betonplatten können attraktiv aussehen, wenn sie in einem interessanten Muster verlegt werden oder die Fugen breit genug sind, dass sich dazwischen Moose oder niedrige Kriechpflanzen ausbreiten können. Kreisförmige Flächen und weich geschwungene Wege lassen sich mit keilförmigen Platten leicht gestalten. Kleinere Pflastersteine aus Granit oder anderen Materialien können zu dekorativen Mustern verlegt oder als Kante zwischen Rasen und Beeten

Großes Foto, ganz oben links und links: Luftaufnahmen von bestellten Feldern brachten Isabelle Greene auf die Idee für diesen bemerkenswerten Garten. Niedrige Beton-Stützmauern gliedern das trockene, abschüssige Grundstück in mehrere Terrassen. Die Schalungen aus alten, rissigen Zedernbrettern haben dem Beton seine interessante, organische Struktur gegeben (links). Mit der Bepflanzung aus verschiedenfarbigen Kriechpflanzen sieht der Garten aus wie ein Patchwork.

Oben und rechts: Eine traditionelle Trockenmauer als unkonventionelles Gestaltungselement. Roberto Silvas geschwungene Mauer dient eher ästhetischen als praktischen Zwecken, grenzt aber die Hauptbereiche des Gartens – Rasen, Steinterrasse und Holzdeck – voneinander ab. Wer mag, kann auch auf ihr sitzen.

Beton ist das ideale Material für moderne Gärten. Wie ein Chamäleon kann es sich verwandeln und darstellen, was immer Sie sich wünschen.

Eine klar strukturierte Bepflanzung passt am besten zu modernen Farben und Materialien.

Oben links: In diesem von Isabelle Greene gestalteten Garten vertragen sich die sanften Farben von Lavendel, dunklem Aeonium und niedrigen Sukkulenten gut mit dem strukturierten, rosa Beton. In milden Klimazonen können auch empfindliche Pflanzen ganzjährig im Freien bleiben.

Oben rechts: In Andy Caos Glasgarten bildet ein bonbonrosa Zaun den Hintergrund für eine Reihe von Strelizien. Stellen Sie sich die Farbenpracht vor, wenn sich die feurig orangeroten Blüten öffnen!

Großes Foto: Ein Meer von Kapuzinerkresseblüten in allen nur vorstellbaren Gelb- und Orangetönen leuchtet rechts und links der blaugrauen Betontreppe im Garten der Gartendesignerin Judy Horton.

verwendet werden. Ziegel sehen immer gut aus und bekommen schnell Patina. Für moderne Gärten eignen sich neue Industrieziegel, für ältere Häuser dürfen es auch alte Ziegel sein. Ziegelsteine bieten sich zum Legen von Mustern an, aber selbst als einzelne Reihe zwischen anderen Pflastermaterialien können sie eine langweilige Terrasse aufwerten. Nur billige, neue Ziegel sollten Sie meiden – sie sehen schlichtweg billig aus.

Eines der interessantesten Materialien für moderne Gärten ist geschütteter Beton. Er eignet sich beispielsweise für Wege und Stufen, Stützmauern und Einfassungen von Hochbeeten, sofern man diese Elemente frühzeitig einplant. Man kann ihn einfärben oder seine Oberfläche polieren wie Stein, während der Trocknung die Oberfläche aufrauen oder Muster eindrücken. Im Grunde ist er das ideale Material für den modernen Garten. Wie ein Chamäleon kann Beton sich verwandeln und darstellen, was immer Sie sich wünschen.

Gartendesigner, deren Arbeiten in diesem Buch vorgestellt werden:

Legende: o=oben, u=unten, M=Mitte, l=links, r=rechts

Jonathan Bell
11 Sinclair Gardens
London W14 0AU
T 020 7371 3455
jb@jbell.demon.co.uk
Seite 120l, 114ol 114or, 128ol, 128–129, 129, 130ol, 130or.

Susan Berger & Helen Phillips
Town Garden Design
69 Kingsdown Parade
Bristol BS6 5UG
T 0117 942 3843
Seite 62ol, 65or, 97Mu, 101r, 102r, 106–107.

De Brinkhof Garden and Nursery
Dorpsstrat 46
6616 AJ Hernen Holland
T 487 531 486
Gärtnerei und Ausstellung geöffnet Dienstags, Freitags und Samstags 10-17 Uhr, April bis November. Kleine Gärtnerei, spezialisiert auf alte und ungewöhnliche Stauden.
Seite 96, 98ur, 114u, 124ol, 124ul.

Bryan's Ground Garden Design
T 01544 260001 (UK)
Seite 1, 80l, 85r, 99, 104l, 117, 133l.

Andrew Cao
Glass Garden Inc.
1626 Fargo Street
Los Angeles
CA 90026 USA
T 323 666 2727
F 323 666 2791
glassgarden@earthlink.net
www.glassgardendesign.com
Seite 83M, 92ur, 118–119, 124or, 125, 136r.

Nellie Christiaans & Manus Hijmans' Garden & Nursery
Haneman 9
6645 CA Winssen Holland
T 487 522 231
Gärtnerei, spezialisiert auf Sedum und Formschnitt-Buchsbaum. Besuche nach telefonischer Anmeldung.
Seite 62or, 91ul, 95, 108–109, 110or.

Cooper/Taggart Designs
T 323 254 3048 (USA)
coopertaggart@earthlink.net
Seite 4, 52–53, 59r, 67ul, 67ur, 68ol, 69, 80r, 83u, 92l, 115, 132.

Isabelle C. Greene, F.A.S.L.A.
Isabelle Greene & Associates
Landschaftsarchitekten
2613 De La Vina Street
Santa Barbara
CA 93105 USA
T 805 569 4045
icgreene@aol.com
Seite 60–61, 76–77, 79, 88l, 89, 94u, 134o, 134u, 134–135, 136u.

Ivan Hicks
Garden and Landscape Designer, Land Artist
T 01963 210886 (UK)
ivan@theedge88.fsnet.co.uk
Seite 85ol, 85ul.

Judy M. Horton, Garden Design
136 1/2 North Larchmont Boulevard, Suite B
Los Angeles
CA 9004 USA
T 323 462 1412
F 323 462 8979
info@jmhgardendesign.com
Seite 2–3, 22–27, 104r, 105, 110l, 137.

Jan Howard
Room in the Garden
Oak Cottage
Furzen Lane
Ellens Green, Rudgwick
West Sussex RH12 3AR
T 01403 823958
Gartendesign-Service, Hersteller eleganter Dekorationen mit Rostfinish.
Seite 84, 94o, 97l, 98or, 100.

Johnson-Naylor Interior Architecture
T 020 7490 8885 (UK)
Umschlagfoto, 8–9, 16–21, 40–45, 54, 55ol, 55or, 55ul, 120ul, 128ul.

Judy Kameon
Elysian Landscapes
724 Academy Road
Los Angeles
CA 90012 USA
T 323 226 9588
F 323 226 1191
www.plainair.com
Gartendesign und Gartenmöbel.
Seite 56–58, 59l, 74, 90, 127o, 130u.

Dale Loth Architects
1 Cliff Road
London NW1 9AJ
T 020 7485 4003
F 020 7284 4490
mail@dalelotharchitects.co.uk
Seite 122–123, 131, 133r.

Lucy Moore
Gartendesignerin
Seite 103l, 116l, 126ol.

Christina Oates
Secret Garden Designs
Fovant Hut
Fovant
nr. Salisbury
Wiltshire SP3 5LN
T 01722 714756 (UK)
www.secretgardendesigns.co.uk
Die Designerin Christina Oates hat sich auf fantasievolle und doch bodenständige Konzepte spezialisiert.
Seite 64, 86u.

Nancy Goslee Power & Associates
1660 Stanford Street
Santa Monica
CA 90904 USA
T 310 264 0266
F 310 264 0268
ngpa@nancypower.com
Seite 7, 16–21.

Sarah Raven's Cutting Garden
Perch Hill Farm
Brightling
Robertsbridge
East Sussex TN32 5HP
T 1424 838181
F 01424 838571
info@thecuttinggarden.com
www.thecuttinggarden.com
Seite 65M, 65b, 98l, 102M, 103r, 110ol, 121.

Suzanne Rheinstein Associates
817 North Hilldale Avenue
West Hollywood
CA 90069 USA
T 323 931 340
Hollyhock Hilldale
Addresse wie oben
Gartenantiquitäten und -accessoires
Hollyhockinc@aol.com
Seite 2–3, 22–27.

Marc Schoellen
35 route de Colmar-Berg
L-7525 Mersch
Grand-Duché de Luxembourg
T 327 269
Gartenhistoriker und Amateur-Gartendesigner
Seite 63ol, 86ol, 97r, 111.

Roberto Silva
567 Wandsworth Road
London SW8 3JD
T 020 7498 9675
landrob7@aol.com
Umschlagfoto, Seite 46–51, 78–79, 135ul, 135ur.

Sally Storey
John Cullen Lighting
585 Kings Road
London SW6 2EH
T 020 7371 5400
Großes Spektrum praktischer und moderner Lampen, Lichtdesign nach Kundenspezifikation
Seite 70–71, 78ol, 120ur.

Tom Stuart-Smith
3rd Floor
Kirkman House
12–14 Whitfield Street
London W1P 5RD
Seite 55ur, 65ol.

Whitelaw Turkington Landscape Architects
T 020 7820 0388 (UK)
Umschlagfoto, 8–9, 40–45, 54, 55ol, 55or, 55ul, 120ul, 128ul.

Stephen Woodhams
Unit 3
McKay Trading Estate
248–300 Kensal Road
London W10 5BZ
T 020 8964 9818
Seite 72–73, 91ol, 91or, 91ur, 120a.

Bildnachweis

Legende: o=oben, u=unten, M=Mitte, l=links, r=rechts

Alle Fotos von Melanie Eclare
Titelfoto Fiona Naylor und Peter Marlow's Dachgarten in London gestaltet von Fiona Naylor und Landschaftsarchitekt Lindsey Whitelaw; **1** Bryan's Ground, David Wheeler und Simon Dorrell's Garten in Herefordshire; **2–3** Garten der Innenarchitektin Suzanne Rheinstein, gestaltet von Judy M. Horton; **4** Laura Cooper & Nick Taggart's Garten in Los Angeles gestaltet von Cooper/Taggart Designs; **5** Elspeth Thompson's Garten im Süden Londons; **7** Nancy Goslee Power, Gartendesignerin; **8–9** Fiona Naylor und Peter Marlow's Dachgarten in London gestaltet von Fiona Naylor und Landschaftsarchitekt Lindsey Whitelaw; **10–15** Elspeth Thompson's Garten im Süden Londons; **16–21** Nancy Goslee Power, Gartendesignerin; **22–27** Garten der Innenarchitektin Suzanne Rheinstein, gestaltet von Judy M. Horton; **28–33** Hutton Wilkinson's Garten gestaltet von Tony Duquette; **34–39** Mirabel Osler's Garten in Ludlow, Shropshire; **40–45** Fiona Naylor und Peter Marlow's Dachgarten in London gestaltet von Fiona Naylor und Landschaftsarchitekt Lindsey Whitelaw; **46–51** Garten im Süden Londons gestaltet von Roberto Silva; **52–53** Laura Cooper & Nick Taggart's Garten in Los Angeles gestaltet von Cooper/Taggart Designs; **54**, **55 ol**, **55or & 55ul** Fiona Naylor und Peter Marlow's Dachgarten in London gestaltet von Fiona Naylor und Landschaftsarchitekt Lindsey Whitelaw; **55ur** Tom Stuart-Smiths Garten in Herefordshire; **56–58 & 59l** Judy Kameon's Garten in Los Angeles (Designerin & Inhaberin von Elysian Landscapes; **59r** Laura Cooper & Nick Taggart's Garten in Los Angeles gestaltet von Cooper/Taggart Designs; **60–61** Carol Valentine's Garten in Kalifornien, gestaltet von Isabelle Greene, F.A.S.L.A., einem kalifornischen Landschaftsarchitektur-Unternehmen; **62ol** Garten von James Morris in Bristol gestaltet von Sue Berger & Helen Phillips; **62or** Nellie Christiaans & Manus Hijmans' Garten & Gärtnerei in Winssen, Holland; **62u & 63u** Niall Manning & Alastair Morton's Garten, Dunard, Fintry, Schottland G63 0EX; **63ol** Marc Schoellen's Garten, ‚La Bergerie', in Luxemburg; **63or** Mirabel Osler's Garten in Ludlow, Shropshire; **64** Fovant Hut Garten bei Salisbury in Wiltshire, entworfen von der Gartendesignerin Christina Oates und ihrem Mann Nigel, öffentlich zugänglich; **65ol** Tom Stuart-Smith's Garten in Herefordshire; **65oM & u** Sarah Raven's Stecklingsgarten in Brightling, gestaltet von Sarah Raven; **65or** Sue Berger's Garten in Bristol gestaltet von Sue Berger; **66 & 67o** Elspeth Thompson's Garten im Süden Londons; **67ul, ur & 68ol** Laura Cooper & Nick Taggart's Garten in Los Angeles gestaltet von Cooper/Taggart Designs; **68oM, or & u** Elspeth Thompson's Garten im Süden Londons; **69** Laura Cooper & Nick Taggart's Garten in Los Angeles gestaltet von Cooper/Taggart Designs; **70–71** Haus in Chelsea, Beleuchtung gestaltet von Sally Storey; **72–73** Sarah Harrison & Jamie Hodder-Williams's Dachterrasse in London gestaltet von Stephen Woodhams; **74** Garten gestaltet von Judy Kameon, Elysian Landscapes; **75** Elspeth Thompson's Garten im Süden Londons; **76–77** Carol Valentine's Garten in Kalifornien, gestaltet von Isabelle Greene, F.A.S.L.A., einem kalifornischen Landschaftsarchitektur-Unternehmen ; **78ol** Haus in Chelsea, Beleuchtung gestaltet von Sally Storey; **78ul** Mirabel Osler's Garten in Ludlow, Shropshire; **78–79** Garten im Süden Londons gestaltet von Roberto Silva; **79** Carol Valentine's Garten in Kalifornien, gestaltet von Isabelle Greene, F.A.S.L.A., einem kalifornischen Landschaftsarchitektur-Unternehmen ; **80l** Bryan's Ground, David Wheeler und Simon Dorrell's Garten in Herefordshire; **80r** Laura Cooper & Nick Taggart's Garten in Los Angeles gestaltet von Cooper/Taggart Designs; **81l** Hutton Wilkinson's Garten gestaltet von Tony Duquette; **81r** Mirabel Osler's Garten in Ludlow, Shropshire; **82l** Elspeth Thompson's Garten im Süden Londons; **82r & 83o** Hutton Wilkinson's Garten gestaltet von Tony Duquette; **83M** Besitzer Steven Jerrom & Andrew Cao, Landschaftsdesign Andrew Cao; **83u** Laura Cooper & Nick Taggart's Garten in Los Angeles gestaltet von Cooper/Taggart Designs; **84** Jan Howard's Garten in Sussex; **85ol & ul** Mart Barlow's Garten gestaltet von Ivan Hicks; **85r** Bryan's Ground, David Wheeler und Simon Dorrell's Garten in Herefordshire; **86ol** Marc Schoellen's Garten, ‚La Bergerie', in Luxemburg; **86u** Fovant Hut Garten, bei Salisbury in Wiltshire, gestaltet von Gartendesignerin Christina Oates und ihrem Ehemann Nigel, der Öffentlichkeit zugänglich; **86or & 87** Farrell Family Garten, Woodnewton; **87r** Elspeth Thompson's Garten im Süden Londons; **88l & 89** Carol Valentine's Garten in Kalifornien, gestaltet von Isabelle Greene, F.A.S.L.A., einem kalifornischen Landschaftsarchitektur-Unternehmen ; **90** Garten gestaltet von Judy Kameon, Elysian Landscapes; **91ol, or & ur** Sarah Harrison & Jamie Hodder-Williams's Dachterrasse in London gestaltet von Stephen Woodhams; **91ul** Nellie Christiaans & Manus Hijmans' Garten & Gärtnerei in Winssen, Holland; **92l** Laura Cooper & Nick Taggart's Garten in Los Angeles gestaltet von Cooper/Taggart Designs; **92or** the Garten of James Morris in Bristol gestaltet von Sue Berger & Helen Phillips; **92ur** Besitzer Steven Jerrom & Andrew Cao, Landschaftsdesign Andrew Cao; **93** Elspeth Thompson's Garten im Süden Londons; **94o** Jan Howard's Garten in Sussex; **94u** Carol Valentine's Garten in Kalifornien, gestaltet von Isabelle Greene, F.A.S.L.A., einem kalifornischen Landschaftsarchitektur-Unternehmen ; **95** Nellie Christiaans & Manus Hijmans' Garten & Gärtnerei in Winssen, Holland; **96** the Garten und Gärtnerei De Brinkhof von Riet Brinkhof & Joop Van Den Berk; **97l** Jan Howard's Garten in Sussex; **97Mo** Niall Manning & Alastair Morton's Garten, Dunard, Fintry, Schottland G63 0EX; **97Mu** the Garten of James Morris in Bristol gestaltet von Sue Berger & Helen Phillips; **97r** Marc Schoellen's Garten, ‚La Bergerie', in Luxemburg; **98l** Sarah Raven's Stecklingsgarten in Brightling, gestaltet von Sarah Raven; **98ol** Jan Howard's Garten in Sussex; **98ur** the Garten und Gärtnerei De Brinkhof of Riet Brinkhof & Joop Van Den Berk; **99** Bryan's Ground, David Wheeler und Simon Dorrell's Garten in Herefordshire; **100** Jan Howard's Garten in Sussex; **101l** Gartendesignerin Judy M. Horton's Garten in Kalifornien ; **101r & 102** Sue Berger's Garten in Bristol gestaltet von Sue Berger; **102l** Garten in London gestaltet von Jonathan Bell; **102c & 103r** Sarah Raven's Stecklingsgarten in Brightling, gestaltet von Sarah Raven; **103l** Gartendesignerin Lucy Moore's Garten in Bristol; **104l** Bryan's Ground, David Wheeler und Simon Dorrell's Garten in Herefordshire; **104r & 105** Gartendesignerin Judy M. Horton's Garten in Kalifornien ; **106–107** the Garten of James Morris in Bristol gestaltet von Sue Berger & Helen Phillips; **108–109** Nellie Christiaans & Manus Hijmans' Garten & Gärtnerei in Winssen, Holland; **110ol** Sarah Raven's Stecklingsgarten in Brightling, gestaltet von Sarah Raven; **110or** Nellie Christiaans & Manus Hijmans' Garten & Gärtnerei in Winssen, Holland; **110u** Garten der Familie Farrell, Woodnewton; **111** Marc Schoellen's Garten, ‚La Bergerie', in Luxemburg; **112ul** Garten der Familie Farrell, Woodnewton; **112ol, 112r & 113** Mirabel Osler's Garten in Ludlow, Shropshire; **114ol & or** Garten in London gestaltet von Jonathan Bell; **114u** the Garten und Gärtnerei De Brinkhof of Riet Brinkhof & Joop Van Den Berk; **115** Laura Cooper & Nick Taggart's Garten in Los Angeles gestaltet von Cooper/Taggart Designs; **116l** Gartendesignerin Lucy Moore's Garten in Bristol; **116r** Garten der Familie Farrell, Woodnewton; **117** Bryan's Ground, David Wheeler und Simon Dorrell's Garten in Herefordshire; **118–119** Besitzer Steven Jerrom & Andrew Cao, Landschaftsdesign Andrew Cao; **120o** Sarah Harrison & Jamie Hodder-Williams's Dachterrasse in London gestaltet von Stephen Woodhams; **120ul** Fiona Naylor und Peter Marlow's Dachgarten in London gestaltet von Fiona Naylor und Landschaftsarchitekt Lindsey Whitelaw; **120ur** Haus in Chelsea, Beleuchtung gestaltet von Sally Storey; **121** Sarah Raven's Stecklingsgarten in Brightling, gestaltet von Sarah Raven; **122–123** Haus und Garten des Architekten Dale Loth; **124ol & ul** the Garten und Gärtnerei De Brinkhof of Riet Brinkhof & Joop Van Den Berk; **124or & 125** Besitzer Steven Jerrom & Andrew Cao, Landschaftsdesign Andrew Cao; **126ol** Gartendesignerin Lucy Moore's Garten in Bristol; **126ll** Janey Hall's Bristol Garten ; **126or & 126ur** Elspeth Thompson's Garten im Süden Londons; **127o** Garten gestaltet von Judy Kameon, Elysian Landscapes; **127u** Mirabel Osler's Garten in Ludlow, Shropshire; **128ul** Fiona Naylor und Peter Marlow's Dachgarten in London gestaltet von Fiona Naylor und Landschaftsarchitekt Lindsey Whitelaw; **128ol, 128–130ol & 130or** Garten in London gestaltet von Jonathan Bell; **130u** Garten gestaltet von Judy Kameon, Elysian Landscapes; **131** Architektenhaus mit Garten in London gestaltet von Dale Loth Architects; **132** Laura Cooper & Nick Taggart's Garten in Los Angeles gestaltet von Cooper/Taggart Designs; **133l** Bryan's Ground, David Wheeler und Simon Dorrell's Garten in Herefordshire; **133r** Architektenhaus mit Garten in London gestaltet von Dale Loth Architects; **134o, u & 134–135** Carol Valentine's Garten in Kalifornien, gestaltet von Isabelle Greene, F.A.S.L.A., einem kalifornischen Landschaftsarchitektur-Unternehmen ; **135ul & ur** Garten im Süden Londons gestaltet von Roberto Silva; **136l** Carol Valentine's Garten in Kalifornien, gestaltet von Isabelle Greene, F.A.S.L.A., einem kalifornischen Landschaftsarchitektur-Unternehmen ; **136r** Besitzer Steven Jerrom & Andrew Cao, Landschaftsdesign Andrew Cao; **137** Gartendesignerin Judy M. Horton's Garten in Kalifornien; Rücktitel Garten im Süden Londons gestaltet von Roberto Silva.

REGISTER

A
Abutilon 101
Acanthus 12, 22, 25
Aeonium 27, 136
Aeonium arboreum ‚Schwarzkopf' 26, 94
Agapanthus 19
Agaven 33, 135
Ahorn 51
Allium 102
Aloe 94
Ananas 13

B
B&B Italia 41, 55
Badewanne 6, 121
Balinesische Kugeln 33
Balken 20
Balkon 110, 131
Balustrade 11, 30
Bambus 12, 42, 42, 72, 82, 94, 121, 123
Bänke 38, 56, 58, 62, 62, 63, 65, 65, 86
Bäume
    Allee 106
    Krone 62, 86, 101
    pflanzen 94
Baumhäuser 7, 86
Beete 19, 20, 54, 90, 133
    Blumenbeete 54, 90, 103, 104, 111
    Hochbeete 11, 13, 20, 126
    Terrassenbeete 134, 136
Begonien 27
Beleuchtung 6, 66–75, 87
    Unterwasser 19
Bell, Jonathan 102, 114, 129, 130
Berger, Sue 102, 106
Bertoia, Harry 55
Beton 11, 120, 124, 129, 130, 131, 136, 136
bewegte Wasserskulpturen 86
Birke 41, 43, 98
Blumenbeete 54, 90, 103, 104, 111
Blumenkasten 126
Blüten, Glas 114
Bodenbelag 6
    Flieseneffekt 19
    Mosaik 16, 20
    Stein, geometrisch 16
    siehe auch Terrain & Form
Bodengestaltung 124–137
Bögen 13, 34, 35, 101–2, 103, 117
Bougainvillea 77, 114
Bromelien 33
Bronze 77
Bryan's Ground, Herefordshire 80, 98, 117, 132
Buchsbaum 25, 106, 110, 111
Buchstaben, Messing 44
Buddha-Statuen 11, 82
Buddleja alternifolia 37, 113
Buntnessel 26, 27
Büro 114, 129
Buxus 106

C
Calla 123
Cao, Andy 83, 118, 125, 134, 136
Cat House 113
Cerinthe major ‚Purpurascens' 90
Chamaecyparis lawsoniana 106
Christiaans, Nellie 109
Clematis 13, 35, 37, 38, 101–2, 102, 110, 113
Coleus 26, 27
Conner, Angela 86
Convolvulus cneorum 13
Cooper, Laura 66
Cordyline 72
Cotoneaster 123
Crassula 92, 94
Craven, Richard 86, 113
Crocosmia 51, 106
Cutting Garden, Sussex 103

D
Dachornament 39
Dachterrassen 6, 40–45, 54, 55, 72, 98, 129
Dachwurz 93
Day, Robin 54, 55
Deck 11, 12, 12, 41, 41, 44, 45, 48, 56, 58, 72, 73, 127, 128, 129, 131, 133, 135
Dimmer 72
Diwan 59
Dorrell, Stephen 117
Dünger 93
Duquette, Elizabeth 29, 30
Duquette, Tony 29, 30, 80, 83
Durchgänge 16, 20, 34, 127
Dusche im Freien 121

E
Echeveria 94
Efeu 30, 33, 75, 102
Eibe 106, 110
Eimer 89, 89, 91, 93, 97
Einfahrt 72, 133
Eingänge 72
Eisenbahnschwellen 128, 132
Elaeagnus _ ebbingei 42
Erdbeeren 92
Essplatz 38, 129
Eucomis bicolor 13
Eukalyptus 30, 33, 38, 42, 42, 51
Euphorbien 12, 106

F
Fackeln 68
Farne 30, 33, 37, 38, 39, 43, 51, 75
Farrell, Familie 112
Farrell, Peter 87
Faseroptik 72
Fässer 13, 97
Feigenbaum 94
Felsbrocken 51, 71, 79, 121, 131
Feng-shui 94
Fenster 41, 41, 114
Fensterläden 30
Festuca glauca 51
Figuren 77, 81
Findlinge 51, 71, 79, 121, 131
Finlay, Ian Hamilton 78
Flaschen 66, 80, 82, 83, 84, 84
Fliesen 92
Fluter 14, 15, 70, 71–2, 71
formale Gärten 23, 25, 127
Formschnitt 34, 37, 38, 63, 97, 106–11
Fovant Hut Garden, Wiltshire 65, 87
freie Bereiche 27
Fundstücke 6–7, 82

G
Garden of Cosmology, Schottland 86–7
Gartenhäuschen 7, 30, 32, 38, 86, 112, 114, 117
Geißblatt 101–2, 104
Gemüse 13
Gemüsegarten 23, 26, 98, 110
Gewächshaus 111
Gibberd, Sir Frederick 78
Gießkannen 97, 98
Gitter 11, 11, 12, 90, 120, 124, 128, 129, 131
Glasblüten 114
Glasperlen 66, 105
Goldregen 102
Goldsworthy, Andy 47, 78

Gräser 22, 23, 27, 42, 43, 109, 110, 132
    Stipa 51
    Ziergräser 42, 90
Greene, Isabel 77, 135, 136
Grill 129
Grizedale Forest, Lake District 78
Grünlilie 30, 32, 33
Gurken 102

H
Hainbuche 106, 109
Hecken 20, 42, 42, 97, 106, 111, 127
    Buchsbaum 25
    Formschnitt 111
Heizung 6
Helleboren 38
Hepworth, Barbara 78
Hicks, Ian 79–80, 84
Hijmans, Manus 109
Höfe 16, 38, 68, 89, 127
Holz 40, 41, 44, 77
Holzdeck 11, 12, 12, 41, 41, 44, 45, 48, 56, 58, 72, 73, 127, 128, 129, 131, 133, 135
Hopfen 101
Horton, Judy 25, 136
Hosta 39, 41, 43
Howard, Jan 84, 104
Hüte 36

I
Ilex 106
Immergrüne 22, 25, 26, 38, 90, 106
Iris reticulata 90

J
Japanische Gärten 47, 49, 51, 79, 130
Jarman, Derek 80, 82
Jencks, Charles 86–87

K
Kakteen 33, 92
Kamelien 106
Kameon, Judy 56, 59, 130
Kamin 6, 16, 19, 20
Kapitell, ionisch 87
Kapuzinerkresse 13, 90, 102, 132, 136
Kerzen 6, 15, 20, 20, 48, 51, 66, 67, 68, 72
Keulenlilie 72
Kies 20, 23, 25, 25, 47, 48, 49, 71, 79, 88, 93, 94, 116, 131, 132, 133, 134
Kiesel 16, 20, 41, 41, 43, 49, 51, 51, 71, 72, 84, 88, 90, 93, 98, 116, 120, 123, 127, 129, 131, 131, 132, 133, 134
Kirschbaum 7, 12, 13, 47, 48, 51, 51
Kissen 6, 19, 19, 20, 54, 56, 56, 59

Kiwi 37, 38, 102, 113
Kletterpflanzen 11, 11, 13, 20, 35, 36, 38, 68, 71, 72, 89, 101, 101, 102, 102, 104, 110, 126
Kompost 93, 112, 114
Kopfsteinpflaster 35, 37
Körbe 36
Kräuter 110
Kräutergarten 97, 99
Kronleuchter 20, 84
Kübel und Töpfe 13, 25, 26, 39, 43, 75, 88–99, 106, 110
Kübelgarten 93
Kunst und Skulptur 76–87
Kürbis 102

L
Laburnum 102
Lamium 75
Lampen 71
   Halogen 72
   Lampenschirme 56
   Laternen 11, 12, 14, 15, 51, 68, 68, 72, 74, 74, 75
Lauben 58, 65, 101, 116
Laurus nobilis 106
Lavendel 13, 62, 89, 90, 106, 111, 126, 136
Lenzrosen 38
Leyland-Zypresse 87
Lichterketten 6, 11, 15, 66, 66, 68, 72, 114
Liege 54, 55, 56
Linde 39, 62, 106, 109
Little Sparta, Schottland 78
Loggia 16, 19, 20, 20, 54
Long, Richard 78
Lorbeer 72, 106
Loth, Dale 123, 131, 132

M
Macleaya cordata 12, 111
Markisen 54
Marmeladengläser 68
Meerkohl 39
Metrosideros excelsus 20
Möbel 54–65
Mohn 59
   Federmohn 111
Montbretien 51, 106
Moos 58, 90, 125
Mosaik 16, 19, 20, 20, 56, 92, 127, 133
Mülltonnen 13, 13, 89, 94
Murmeln 83
Muscheln 93, 94

N
Narzissen 90
Nasturtium 13, 90, 102, 132, 136
Naturstein 22, 40, 41, 43, 44, 49, 51, 77, 79, 124, 129, 133
Naylor, Fiona 41, 43, 129
Neonlicht 72, 72, 73, 87
Nicholas, Bill 19
Nicolson, Ben 86
Nicotiana 19, 90
Nischen 12, 14
Noel, Anthony 62
Noguchi, Isamu 78

O
Oates, Christina 87
Obelisken 30, 77, 81, 105, 110
Ölweide 42
Orangerie 97
Orchideen 33
organische Substanz 93
Osler, Mirabel 34, 38, 39, 113
Oudolf, Piet 106

P
Pagoden 29, 40, 32
Palmen 20, 30, 33, 94
   Cycas 25
   Sago 22
Paradiesvogelblume 136
Passionsblume 110
Pavillons 29, 30, 113
Pelargonien 89
Pergola 68, 72, 101, 102, 102, 114
Perlen, Glas 66, 105
Perovskia 13
Pfannen 88, 90
Pfefferbaum 56
Pflanzen
   Blattpflanzen 22, 25, 51, 90
   blühende 20
   einjährige 105
   graublättrige 26, 89, 90
   Schattenpflanzen 16
   sonnenhungrige 13
   stachelige 94
   Stauden 105
   Topfpflanzen 20, 20, 25, 62, 92, 109, 114
Pflanzenstützen, dekorative 100–105
Pflanzkästen 26, 27, 75, 91, 92, 97, 128, 134
Pflasterung 23, 27, 72, 124, 125, 134, 136
Pforten 94

Phormium 12
Plain Air 59
Power, Nancy Goslee 16, 19, 20
Prunkwinde 13, 102
Pumpe 122, 123
Pye, William 86
Pyramiden 110

R
Rasen 6, 7, 22, 25, 25, 27, 48, 51, 54, 82, 84, 97, 121, 135
Raven, Sarah 65, 103
Rawlinson, Mary 65
Regale 20, 20, 39, 98
Rheinstein, Suzanne 23
Rosen 38, 59, 66, 98, 113
   kletternde 35, 36, 101–2, 101, 104, 116
   Noisette Carnée 36
Rosenbögen 58
Rosenlauben 54
Rosmarin 106, 111
Rotzeder 41, 41, 128, 131

S
Sandkiste 44
Sandstein 131
Säulen 30, 32, 87
Schalen 15, 20, 74, 79, 88, 97, 99
Schaukel 58, 65
Schiefer 49, 51, 51, 58, 86, 124, 126, 132, 133–4, 135
Schoellen, Marc 87, 111
Schönmalve 101
Schrein 87
Schuppen 103, 114, 116
Schwartz, Martha 78
Schwertlilien 19
Seen 87
Seerosen 19, 97, 99
Seerosenteich 19
Sempervivum 93, 94
Sessel 20, 55, 58, 62
Sichtschutz 41, 42, 106
Silva, Roberto 48, 135
Sitzgelegenheiten 15, 20, 34, 41, 54–65
   eingebaute 16, 19, 56
   Stufen 19
   siehe auch Sessel, Stühle, Liegen, Sofas
Skulpturen 6, 29, 30, 30, 32, 33, 48, 71, 76–87
Smith, Joe 79
Sockel 33
Sofa 6, 19, 19, 20, 59
Solanum crispum 101

Sonnendeck 54
Sonnenuhr 86
Spalier 11, 12, 35, 39, 89, 102, 129
Spaliere 29
Sperrmüll 29, 30, 30, 32, 79–80, 80, 82, 84, 91, 93
Spiegel 11, 12, 14, 34, 37, 38, 39, 68, 72, 80, 80
Splitt 83, 92, 94, 118, 124, 125, 126, 127, 133–4
Springbrunnen 6, 19, 38, 48, 51, 72, 72, 74, 79, 97, 99, 118, 121
Sprungfedern 104
Stangen 101, 105
Star Gazer (Lilie) 20
Statuen 11, 29, 82, 83
Stege 29, 30, 32, 86, 128
Steine 7, 43–4, 49, 97, 102, 121, 132
Steinsäulen 48, 49, 71, 79
Storey, Sally 71
Strahler 70, 71
Strandhäuschen 116
Sträucher 43, 94, 106
Strelitzie 136
Stufen 15, 54, 67, 123, 124, 128, 129, 131, 132, 136, 136
   siehe auch Treppen
Stühle 16, 19, 20, 54, 56, 62, 65, 68
   Eimer 54
   Formschnitt 109
   Holz 65
   Klappstühle 12, 35, 37, 58
   Korbstühle 55
   Metall 56, 58, 59
   Schaukelstuhl 114
Stützen 101, 105
Substrat 93, 94, 94
Sukkulenten 27, 79, 88, 90, 92, 94, 136
Sulking House, Bryan's Ground 80, 117
Sutton Place, Surrey 86
Swimmingpool 23, 56, 116, 118, 121

T
Taggart, Nick 66
Taubnessel 75
Taxus baccata 106
Teegläser 15, 68
Teelichter 15, 66, 68, 74
Teiche 72, 121, 123, 123
Teichpumpen 36
Tempel 29, 29, 32, 113
Terrassen 16, 25, 25, 48, 54, 56, 58, 77, 88, 127, 129, 131, 134, 135, 136
Terrassentüren 11, 11, 13, 13, 128

Register 141

Tipi (Pflanzenstütze) 103
Tische 7, 15, 37, 54, 55, 56, 68, 86, 114
   Baumstamm 59
   Esstisch 71, 113
   Formschnitt 109
   gestrichen 94
   Glasplatte 56, 92
   Holz 20, 58, 65
   japanischer Stil 77
   Klapptisch 12, 12, 14
   Metall 62
   Mosaik 19, 20, 56
   Schieferplatte 58
Tonscherben 93
Töpfe 13, 26, 33, 37, 39, 72, 75, 83, 84, 89–94, 97, 98, 106, 109, 110, 114, 114
Treppen 72
   siehe auch Stufen
Treppengiebel 117
Trittsteine 130
Tröge 11, 13, 45, 120, 121
Tulpen 90

Türen 30, 34, 41, 126
   doppelte 11
   falsche 35, 37
   Glastüren 114
   Holz, gestrichen 16
   Tempel 33
Turrell, James 87

U
Ulme 22, 23
Umkleidehäuschen 116
Urnen 26, 27, 39, 79

V
Veilchen 75
Verey, Rosemary 102
Vogeltränke 86

W
Wacholder 38, 106
Wände
   Ziegel 39, 120
   gerundet 47, 47, 51, 79
   Glas im Verputz 125
   Loggia 19
   Neonlicht 73

Schiefer 49, 51, 51, 135
   lasiert 20
   Trockenmauer 6, 48, 49, 135
   gestrichen 11, 16, 16, 19
   Stützmauern 15, 19, 20, 54, 83, 123, 124, 127, 134, 135
   Beton 19, 56, 77
Wanne, verzinkt 97
Wasser 40, 44, 45, 49, 67, 74, 86
Wasserbecken 16, 19, 20, 22, 25, 33, 72, 99, 118, 121, 122, 131
Wasserfall 131
Wasserlauf 45, 72, 118, 121, 121
Wasserpumpen 36
Wasserspiele 6, 7, 16, 72, 118–23, 131
Wege 6, 25, 25, 26, 35, 37, 37, 41, 48, 71, 77, 80, 113, 126, 131, 133, 134, 136
Weide 43, 102, 105
   Kilmarnock 38
   Korkenzieher 41
   Wigwam 101
Wein, echter 37, 38, 66, 102

Wheeler, David 117
Whirlpool 16, 16, 19
Whitelaw Turkington 42
Whitelaw, Lindsey 42
Wicken 103, 105
Wigwam (Pflanzenstütze) 103, 105
Wilson, Ben 86
Windschutz 42
Windspiel 7, 84, 86
Wintergarten 72
Woodhams, Stephen 72, 120

Z
Zäune 37, 38, 39, 126
Ziegel 23, 25, 25, 35, 37, 120, 124, 125, 127, 136
Ziertabak 19, 90
Zinkwannen 97
Zitrus 97, 101
Zwiebelblumen 89, 90
Zypresse
   Italienische 38
   Lawson 106
   Leyland 87

Danksagung

Wir danken allen Gartenbesitzern, die uns so freundlich Zutritt zu ihren Gärten gewährten und uns ihre Zeit opferten: Mart Barlow, Jonathan Bell, Susan Berger und Helen Phillips, Riet Brinkhof und Joop Van Den Berk, Andrew Cao und Steven Jerrom, Nellie Christiaans und Manus Hijmans, Laura Cooper und Nick Taggart, the Familie Farrell, Isabelle Greene, Janey Hall, Sarah Harrison und Jamie Hodder-Williams, Ivan Hicks, Judy Horton, Jan Howard, Fiona Naylor, Peter Marlow und Lindsey Whitelaw, Judy Kameon, Dale Loth, Niall Manning und Alastair Morton, Lucy Moore, James Morris, Christina und Nigel Oates, Mirabel Osler, Nancy Goslee Power, Sarah Raven und Adam Nicolson, Suzanne Rheinstein, Marc Schoellen, Roberto Silva, Sally Storey, Tom Stuart-Smith und Familie, Carol Valentine, David Wheeler und Simon Dorrell, Hutton Wilkinson, Frank Wilson, Stephen Woodhams. Vielen Dank an Kay Acuragi und Frances Anderton für die Unterstützung bei den amerikanischen Projekten und an alle Mitarbeiter bei Ryland Peters und Small, vor allem an Clare Double, Sally Powell – und natürlich an Alison Starling, die mit der Idee an uns herantrat.

Elspeth Thompson und Melanie Eclare